차례

CHAPTER 0 들어가기에 앞서

1. MBTI란 무엇일까요? ············· 10
2. E와 I – 에너지의 방향성 ········· 11
3. S와 N – 인식하는 방식 ·········· 12
4. T와 F – 판단을 내리는 기준 ····· 13
5. J와 P – 생활 양식 ··············· 14
6. MBTI는 어떤 도움이 될까요? ···· 15

CHAPTER 1 나에 대해 알아봐요

1. 성격의 장점 ····················· 18
2. 성격의 단점 ····················· 23
3. 가치관 ·························· 28
4. 누군가에게 지적을 당한다면? ···· 33
5. 스트레스 ························ 38
6. 용돈을 받았을 때의 나 ·········· 43
7. 놀러 갈 때 나의 모습 ············ 48

CHAPTER 2 가족

1. 부모님에게 나는 어떤 아이일까요? · · · · · · · · · · 54
2. 부모님을 이해해 봐요 · 59
3. 가족을 대하는 마음 · 64

CHAPTER 3 친구

1. 잘 맞는 친구 · 70
2. 친구에게 먼저 다가가기 · · · · · · · · · · · · · · · · · · 75
3. 친구의 고민 상담 · 80
4. 친구의 부탁 · 85
5. 친구의 생일 · 90

CHAPTER 4 연애

1. 이상형 · 96
2. 실망하게 되는 포인트 · · · · · · · · · · · · · · · · · · · 101
3. 다툼과 화해 · 106
4. 이성 친구로서의 장점 · · · · · · · · · · · · · · · · · · · 111

차례

CHAPTER 5 학교
1. 교실에서의 모습 · 116
2. 동기 부여 방법 · 121
3. 최적의 공부법 · 126
4. 조별 과제를 할 때 · · · · · · · · · · · · · · · · · · · 132

CHAPTER 6 직업
1. 잘 맞는 직업 · 138
2. 고민이 필요한 직업 · · · · · · · · · · · · · · · · · · 144

CHAPTER 7 마무리하며
1. 이건 오해예요 · 150
2. 이 말만은 하지 않기로 해요 · · · · · · · · · · · · · 155
3. 이런 말이 듣고 싶어요 · · · · · · · · · · · · · · · · 159

CHAPTER 0
들어가기에 앞서

1. MBTI란 무엇일까요?

MBTI란 개인의 성향을 쉽고 간단하게 알아볼 수 있는 테스트 중 하나입니다. MBTI 성격 유형은 총 네 가지 분야로 구성되어 있어요. 그 분야는 각각 **에너지의 방향성**, **인식하는 방식**, **판단을 내리는 기준**, **생활 양식**입니다.

이 각각의 분야는 다시 E와 I, S와 N, T와 F, J와 P로 분류돼요. 그래서 알파벳의 조합에 따라 총 16가지의 성격 유형이 존재하게 된답니다. 다음 장에서 구체적으로 살펴볼 예정이니 지금 무슨 말인지 이해가 안 간다고 걱정할 필요는 없어요!

이 세상을 살아가고 있는 수많은 사람들을 전부 16가지의 성격 유형 안에 무작정 욱여넣을 수는 없겠지만, 그래도 나를 이해하고 또 나의 주변 친구와 가족들을 알아가는 데 MBTI가 큰 도움을 준답니다.

요즘 들어 더더욱 주목받고 있는 MBTI! 그럼 그 네 가지 분야는 어떻게 이루어져 있는지 지금부터 찬찬히 들여다볼까요?

2. E와 I - 에너지의 방향성

E 외향 ←→ 에너지의 방향성 ←→ **I** 내향

E는 Extroversion(외향)의 줄임말로, 자신의 내부보다는 외부에서 에너지를 얻는 외향적인 유형이에요. 간단히 말해서 혼자 있을 때보다는 주변 사람들을 만나 함께 시간을 보내고 이야기를 나눌 때 훨씬 에너지가 충전되는 유형이랍니다. 그래서 인간관계가 넓은 편이고, 친구들을 만나는 걸 좋아해요.

반대로 Introversion(내향)의 줄임말인 I는 외부가 아니라 내부에서 에너지를 얻는 내향적인 유형이에요. 그래서 혼자 시간을 보낼 때 에너지가 채워지는 느낌을 받곤 해요. 인간관계가 넓다고 할 수는 없겠지만 가까운 사람들과 깊은 관계를 쌓는 걸 좋아하는 편이에요.

E와 I를 나눌 때 다들 많이 오해하는 점이 있는데요. 바로 E면 매일매일 밖에 나가서 사람을 만나고, I면 하루 종일 집에만 있는다는 편견이에요. 이 두 유형을 나누는 건 '에너지가 밖을 향하느냐, 안을 향하느냐'거든요.

그래서 E라고 해서 무조건 친구들을 자주 보는 건 아니에요. 다만 그런 만남을 통해서 에너지가 충전되는 유형일 뿐인 것이죠. 마찬가지로 I라고 해서 밖에 나가 모임을 갖는 걸 완전히 꺼리는 것도 아니랍니다! 비슷한 예시로 E면 항상 말이 많고 시끄럽고, I면 좀처럼 말을 하지 않는다는 것도 조심해야 할 편견 중 하나예요.

3. S와 N - 인식하는 방식

S는 Sensing(감각)의 줄임말이에요. S 유형은 어떤 사물이나 상황에 대한 정보를 받아들일 때, 구체적인 감각과 경험을 바탕으로 파악하는 유형이랍니다. 그러다 보니 상대적으로 현실 감각이 높은 편이고, 추상적이거나 비현실적인 상황에 대해 이야기하는 데는 큰 관심이 없어요.

N은 Intuition(직관)의 줄임말인 만큼, 정보를 받아들일 때 직관을 중요시하는 유형입니다. S 유형이 경험에 의존할 때가 많다면 N 유형은 감이나 상상에 의존할 때가 많아요. 현실적이지는 않다고 하더라도 자신만의 인식 기준이 확고한 편이죠. S와는 반대로 추상적이거나 비현실적인 상황에 대해 상상하는 걸 좋아하는 것도 N의 특징 중 하나예요.

만약에 사람에게 꼬리가 생긴다면 어떨까요? 만약에 갑자기 큰돈이 생긴다면 제일 먼저 뭐부터 하는 게 좋을까요? 만약에 아이돌로 데뷔를 하게 된다면 어떨까요? 이런 이야기를 할 때 신이 나서 열심히 몰입하고 있는 친구가 있다면 N일 확률이 높아요. 그런 친구를 보며 실제로 일어날 리도 없는 일인데 왜 그렇게 열심히 고민하냐고 묻는 친구가 있다면 S일 확률이 높겠죠?

4. T와 F - 판단을 내리는 기준

T 사고 ← 판단을 내리는 기준 → **F** 감정

Thinking(사고)의 줄임말인 T는 무언가를 판단할 때 사실 관계 위주로 판단하는 이성적이고 논리적인 유형이에요. 어떤 사건이 일어났다면 그 사건에 대한 사실을 바탕으로 분석해서, 객관적인 판단을 내리려고 하죠. 한마디로 '맞다', '틀리다'로 판단하는 걸 선호하는 편이에요.

반대로 F는 Feeling(감정)의 줄임말인 만큼, T보다는 감정과 인간관계에 더 중점을 둔답니다. 그래서 어떤 사건에 대해 판단을 내릴 때 당시에 그럴 수밖에 없었던 상황, 사람들 사이의 관계 등 여러 가지 상황적인 요소에 초점을 맞추는 편이에요. 그래서 '좋다', '나쁘다'가 F의 판단 기준이 되곤 한답니다.

다른 분야도 그렇지만 T와 F는 유독 서로에 대한 오해가 많은 것 같아요. T라고 해서 감정이 없는 게 아니고, F라고 해서 매일 주위 사람들을 감정적으로 힘들게 하는 것도 아니랍니다! 다만 T는 사실과 결과를 중심으로, F는 맥락과 과정을 중심으로 판단을 내리는 것뿐이에요. 결과가 중요한 T는 해결책에 대해 고민하는 편이고, 과정이 중요한 F는 당시 상황에 대해 감정적으로 공감을 하는 편이죠.

아무래도 가장 중요한 건 핑계를 대지 않는 태도겠죠? 친구가 서운해할 만한 일을 하고서 '난 T라서 원래 이래', 혹은 '난 F니까 이해해 줘'와 같은 말은 하지 않기로 해요!

5. J와 P — 생활 양식

J 판단 ←──── 생활 양식 ────→ **P 인식**

Judging(판단)의 줄임말인 **J**는 계획이 분명히 짜인 생활을 선호해요. 평상시에도 하루 일과에 대한 계획을 만들고, 그 계획을 지키곤 하죠. 그래서 J 유형은 시간 관리를 잘하는 편이에요.

Perceiving(인식)의 줄임말인 **P**는 상대적으로 더 융통성 있는 생활을 선호해요. 매일 계획을 세우기보다는 즉흥적으로 행동할 때가 많고, 만약 계획을 세웠다고 하더라도 그때그때의 상황에 따라 즉석에서 계획을 변경하곤 한답니다.

그래서 둘의 차이는 같이 여행을 가보면 금방 확인할 수 있어요. J는 잠은 어디서 잘지, 식사는 무얼 먹고 또 관광지는 어디를 가볼지 주로 꼼꼼히 계획하는 편이지만 P는 여행의 큰 틀만 짜두고 세부적인 내용은 그때그때 정하곤 하거든요.

한 가지 주의할 점은, 두 유형을 나누는 가장 큰 차이는 바로 속도라는 거예요! J는 신속하게 판단을 내리는 걸 선호하고, 이를 위해 빠르게 조사를 하고 계획을 짜는 편이죠. 반면에 P는 지금 당장 판단을 내리는 대신, 많은 정보를 다양한 방향에서 오래 고민해 본 후에 결정하는 걸 선호해요.

이렇게 속도가 다를 뿐이지, J 유형과 P 유형 둘 다 가장 좋은 선택을 하기 위해 노력하고 있답니다. 그래서 J라고 해서 무조건 부지런하고 P라고 해서 무조건 게으르다고 생각하는 건 위험해요!

6. MBTI는 어떤 도움이 될까요?

우선 스스로에 대해 좀 더 잘 알 수 있어요. 나의 장점과 단점, 강점과 약점을 객관적으로 파악해 보는 일은 아주 큰 도움이 되거든요. 내가 어떤 사람인지, 이런 부족한 점은 어떻게 보완하는 게 좋을지, 또 이런 좋은 점은 어떻게 더 이끌어 낼 수 있을지 생각해 볼 수 있으니까요.

그뿐만 아니라 다른 사람들과의 관계를 형성하는 데도 도움이 된답니다. '저 사람은 왜 저렇게 행동하지?', '저 사람은 왜 저렇게 나랑 안 맞지?'라고만 생각했던 태도를 바꿀 수 있거든요. 보통 사람들 사이에서 어긋나는 부분이 생기면 내가 맞고 저 사람은 틀리다고 생각하기 쉬운데, MBTI를 통해 사람들의 다채로운 성향과 사고방식을 이해하고 나면 틀린 게 아니라 다를 뿐이라는 사실을 받아들일 수 있어요. 그럼 훨씬 열린 마음으로 사람들과 관계를 만들어 나갈 수 있죠.

앞서 계속 이야기했듯이 '이 사람은 이 유형이니까 무조건 이럴 거야!' 하는 단정적인 태도만 가지지 않는다면 MBTI는 여러분에게 아주 유익하고 훌륭한 도구가 되어줄 거예요.

나는 무슨 유형일까?

에너지의 방향성

E 외향
친구들과 신나게 노는 게 좋아!

I 내향
집에서 혼자 조용하게 쉬는 게 좋아!

인식하는 방식

S 감각
사건을 있는 그대로 관찰함.

N 직관
추리와 상상을 좋아함.

판단 내리는 기준

T 사고
힘들 때는 문제 해결이 우선!

F 감정
힘들 때는 마음의 위로가 중요!

생활 양식

J 판단
계획은 지켜야 하는 것!

P 인식
정해진 대로만 하는 건 답답해.

나의 MBTI

1. 성격의 장점

유형별 장점을 알아보고, 이러한 장점을 어떻게 더 발전시킬 수 있을지 생각해 볼까요?

ENFJ

ENFJ는 참 정이 많고 따뜻한 유형이에요. 앞장서서 친구들을 챙겨줄 때가 많아요. 힘들 때, 혹은 그냥 기대고 싶을 때, ENFJ는 가장 든든한 친구가 되어준답니다. 힘이 되는 말도 잘해주고, 친구의 입장에서 함께 최선을 다해 고민해 줘요.

ENFP

같이 있는 것만으로 방의 분위기가 확 밝아지는 듯한 사람이 있다면 ENFP일 확률이 높답니다! 낙관적이고 밝은 ENFP의 기운은 주변 사람들까지도 함께 행복해지게 만들어요.

ENTJ

매사에 철저한 ENTJ는 많은 일에 있어서 계획이 다 준비되어 있는 편이에요. 그리고 자신의 노력과 소질을 발휘해 그 계획한 바를 잘 이뤄내기도 하고요. 무엇 하나 허투루 하는 법이 없답니다.

ENTP

솔직하고 꾸밈없는 태도를 지향하는 ENTP의 당당한 태도에서는 배울 점이 많아요! 억지로 꾸며낸 빈말이나 거짓말을 하는 사람들에게 지쳤다면 ENTP만 한 친구가 없을 거예요.
본인만의 생각이 뚜렷하고 자존감 높은 모습이 멋있답니다.

ESFJ

어디서든 쉽게 낯을 가리지 않는 ESFJ는 누구와도 금방 친구가 될 수 있어요. 사교성에 관해서라면 ESFJ를 따라올 수 없어요! 마음이 따뜻하고 착한 ESFJ들은 주변에서 칭찬을 많이 듣기도 한답니다.

ESFP

낙천적인 ESFP들은 특유의 유쾌하고 즐거운 에너지를 발휘해 모임의 중심이 될 때가 많아요. ESFP의 곁에 있다 보면 평소보다 훨씬 웃을 일이 많아질지도 몰라요!

ESTJ

ESTJ는 늘 주어진 시간을 최대로 활용해 어렵고 복잡한 일도 척척 해내고 책임감이 강한 성격이에요. 객관적이고 현실 감각이 뛰어나며 체계적이고 계획적으로 자기가 맡은 일을 잘 해낸답니다.

ESTP

무던한 편인 ESTP는 힘든 일이 있을 때 스트레스를 받기보다는, 금방 잊어버리고 훌훌 털어낼 줄 아는 성격을 가졌어요. 크게 상처받지 않고 쉽게 회복하는 성격이랍니다.

INFJ

차분하고 평온한 분위기를 가진 INFJ는 친구의 이야기를 참 잘 들어줘요. INFJ에게는 자신도 모르는 사이에 이런저런 말들을 술술 늘어놓게 된답니다. 늘 상대를 먼저 배려하고 사소한 것도 기억을 잘 해주는 섬세한 성격이에요.

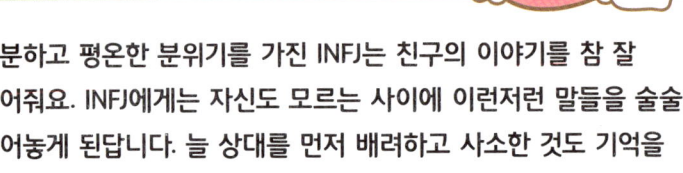

INFP

영화, 책, 음악 등의 예술 작품에 유난히 관심이 많은 INFP와 함께 이야기를 하다 보면 감수성에 놀라게 될 때가 많아요. 특유의 순수하고 이상적인 사고방식 덕분에, 우리에게 생각해 볼 만한 깊이 있는 주제를 많이 던져주곤 한답니다.

INTJ

INTJ는 함부로 먼저 누구의 편을 들지 않고 모든 일을 객관적으로 바라볼 줄 아는 태도를 가지고 있어요. 다른 사람들의 이야기에 쉽게 영향받지 않고 자신의 신념을 지킬 줄 아는 멋진 모습을 갖고 있답니다.

INTP

무언가 하나를 좋아하면 아주 깊이 있게 파고들 줄 아는 INTP와는 언제나 흥미롭고 새로운 대화가 가능하답니다. 좀 더 친해지고 싶은 INTP 친구가 있다면 요즘 주의 깊게 지켜보고 있는 관심사가 무엇인지 한번 물어보는 걸 추천해요.

ISFJ

감정의 굴곡이 크지 않고 늘 담백하고 온화한 ISFJ는 많은 사람들을 아주 편안하게 만들어줘요. 주위 사람들을 잘 배려해 주고, 특유의 성실하고 충실한 태도로 꼼꼼히 챙겨주기도 하죠.

ISFP

어떤 대상이든 간에 크게 편견을 갖지 않는 ISFP는 사람들을 잘 이해하는 편이에요. 무언가에 대해 먼저 고정 관념을 갖지 않고 여유 있게 생각해 볼 줄 아는 유형이거든요. 또한 차분한 성격 덕분에 쉽게 욱하거나 화를 내지 않는다는 것도 장점이에요!

ISTJ

친구들을 만날 때도 웬만해선 지각하지 않고, 숙제를 낼 때도 마감을 어겨본 적 없는 ISTJ는 시간 약속을 아주 잘 지키는 성격이에요. 정확하고 똑 부러지는 성격 덕분에 주어진 일은 항상 척척 잘해낸답니다.

ISTP

가끔 ISTP를 보고 있으면 특유의 무던함을 꼭 닮고 싶어질 때가 있답니다. 아무리 세상이 복잡하고 소란하더라도 거기에 얽매이지 않고 유유자적하게 자신의 삶을 꾸려나가는 모습이 정말 보기 좋거든요!

2. 성격의 단점

그렇다면 이번에는 유형별 단점을 알아볼 시간이에요. 단순히 부족한 점을 확인하는 게 아니라, 어떻게 보완하면 좋을지 함께 생각해 보아요!

ENFJ

ENFJ는 남들의 존재와 고민을 소중히 여기는 태도에 비해, 스스로는 그렇게 챙기지 못할 때가 있는 것 같아요. 다른 사람들에게 '그럴 수 있지!' 하고 말해주듯이, 스스로에게도 좀 더 너그럽고 관대한 모습을 보여주는 것도 좋아요.

ENFP

ENFP는 자신의 의견에 강한 확신을 갖지 못하고 때로는 우유부단한 모습을 보이는 경향이 있답니다. 스스로의 생각에 좀 더 자신감을 가지는 게 좋을 것 같아요. 다른 사람들의 의견을 잘 들어주는 것과 내 의견이 확실하지 못한 것은 또 다른 이야기랍니다.

ENTJ

맺고 끊음이 분명한 편인 ENTJ는 친구 관계를 먼저 정리하거나 끊어 낼 때가 종종 있어요. 본인에게 중요하게 느껴지지 않거나, 필요하지 않다고 생각되는 관계는 이어가지 않는 경향이 있어요. 가끔은 친구들에게 조금 더 너그러운 모습을 보이는 건 어떨까요?

ENTP

자신의 가치관이 확고하고 그에 대한 자존감이 높은 ENTP인 만큼, 이에 어긋나는 상황이 생기면 자주 언쟁을 하기도 한답니다. 대화가 싸움으로 이어지지 않도록 상대의 입장에서 한 번 더 생각해 보는 태도가 필요해요.

ESFJ

ESFJ는 인간관계가 조금이라도 틀어지면 그 상황을 잘 받아들이지 못하고 사람들에게 스트레스를 종종 받기도 해요. 주위 사람들에게 자기가 했던 행동이나 말에 대해 곱씹으며 걱정할 때가 많거든요. 모든 문제가 본인의 탓이 아니라는 걸 기억해 두길 바라요.

ESFP

관심사가 많아 이런저런 시도를 많이 해보는 ESFP이지만, 그 흥미가 깊지는 않아서 다양한 도전이 흐지부지하게 마무리될 때도 있어요. 한번 시작한 일에 조금 더 끈기를 가지는 태도가 필요하답니다!

ESTJ

자신만의 규칙적인 생활 방식과 논리적인 가치관을 지닌 ESTJ는 그만큼 새로운 시도에 마음이 닫혀 있는 편이기도 해요. 가끔은 새로운 방식에서 기대 이상의 결과가 나오기도 한다는 점을 떠올려 보세요!

ESTP

상대에게 무관심하고 크게 고민하지 않는 성격은 가끔 친구들을 서운하게 할 때도 있어요. 다른 사람들의 시선에서 볼 때 ESTP는 조금 무뚝뚝하거나 낭만적이지 않다고 여겨질 때가 있거든요. 주변 사람들에게 따뜻한 진심을 가끔 보여주는 것도 괜찮답니다.

INFJ

INFJ는 자신이 주변 사람들에게 잘 대해주는 만큼, 다른 사람들이 자신에게 그렇게 해주지 않을 때 상처를 유독 많이 받는 것 같아요. 굳이 그렇게까지 생각하지 않아도 될 일을 곱씹으며 괴로워하기보다는, 훌훌 털어버리고 긍정적인 면에 주목하는 자세를 키워 보세요!

INFP

INFP는 좋아하는 일이라면 밤을 새워서라도 하지만 하기 싫은 일은 최대한 미루고 보는 경향이 있답니다. 좀 더 멀리 볼 줄 아는 태도가 필요해요! '좋은 일'과 '싫은 일' 대신에 '꼭 해야 할 일'과 '그렇지 않은 일'로 구분해 보는 것이 도움이 된답니다.

INTJ

강한 신념을 지닌 INTJ는 자신과 삶의 태도가 다른 사람들을 만났을 때 선입견을 가지고 단정 지을 때가 이따금 있어요. 나와 다름을 인정하고 저마다 가지고 있는 다른 생각에 귀 기울여 보는 것도 좋을 것 같아요!

INTP

혼자 고민을 많이 하는 INTP는 무언가를 속으로 생각만 하다가 그냥 흘려보낼 때가 있어요. 어떤 일에 뛰어들기에 앞서 이런저런 파악을 해두는 건 좋지만, 그냥 거기서 그치지 않고 구체적이고 본격적인 계획을 짜서 실천할 수 있도록 노력해 보세요.

ISFJ

ISFJ는 남을 많이 챙겨주는 성격인 만큼 주변 사람들의 눈치를 많이 보는 편이에요. 자신도 모르는 사이에 본인이 좋아하는 것을 잊어버리지 않도록 조금 더 주의해야 해요. 남을 챙겨주는 만큼 자기 자신을 좀 더 신경 쓸 필요가 있답니다.

ISFP

느긋한 모습을 보일 때가 많은 ISFP는 가끔 계획성과 현실성이 조금 부족할 때가 있어요. 가만히 기다리기보다는 본인이 먼저 앞장서서 뛰어들고 도전을 해보는 건 어떨까요? 생각보다 훨씬 근사한 일이 펼쳐질지도 몰라요!

ISTJ

매사에 정확한 걸 좋아하는 ISTJ는 어떤 상황을 파악할 때 이것 아니면 저것, 혹은, 맞다 틀리다로 흑백 논리를 펼치기도 해요. 흑과 백 사이에는 아주 다양한 종류의 색깔이 자리하고 있다는 사실을 기억해 보세요!

ISTP

평화롭고 소박한 삶의 태도를 유지하는 ISTP는 사람들과 떨어져 혼자 보내는 시간이 많아요. 때로 여러 명과 어울릴 경우에도 그 사람들에게 깊은 관심을 두지 않을 때가 종종 있어요. 한 번쯤은 친구들에게 먼저 다가간다면 어떨까요?

3. 가치관

각자가 평소에 중요하게 생각하는 것들이 어떻게 다른지 비교해 볼까요?

ENFJ

ENFJ는 이상이 높은 만큼, 스스로 바람직한 이상형으로 생각하는 인간상을 닮고 싶어 해요. 이를 통해 자신이 원하는 대로 살고 있다는 만족감을 느끼는 편이랍니다.

ENFP

ENFP에게 가장 중요한 건 지금 행복한지, 그렇지 않은지예요. 본인의 행복뿐만 아니라 주변 사람들과 좋은 관계를 유지하며, 그 사람들도 행복했으면 하는 게 ENFP의 진심이랍니다.

ENTJ

멀리 보고 큰 그림을 그릴 줄 아는 ENTJ는 자신의 삶에 대한 확고한 목표가 있는 경우가 많아요. 그걸 지키기 위해 노력하며 사는 태도가 ENTJ에게는 무엇보다 중요해요.

ENTP

ENTP에게 가장 중요한 가치는 무엇보다도 자유, 그리고 즐거움이랍니다. 무언가에 얽매여 딱딱하고 획일화된 태도로 사는 것만큼 ENTP가 피하고 싶은 상황은 없을 거예요.

ESFJ

역시 ESFJ에게 중요한 것 중 하나는 바로 관계인 것 같아요. 구체적으로 그게 어떤 관계이든 간에, 어딘가에 소속되어 안정된 생활을 하며 행복을 찾는 게 ESFJ의 바람이에요.

ESFP

모두에게 마찬가지겠지만, 특히 ESFP에게는 기쁨과 웃음이 없는 삶이 더더욱 힘들 거예요. ESFP들은 즐거운 사람들과 톡톡 튀는 이벤트에 둘러싸여 기쁨을 느끼고 싶어 한답니다.

ESTJ

ESTJ는 누구보다도 강한 책임감을 가지고 있답니다. 계획을 실천하는 것을 가장 중요하게 생각해요. 성실한 태도로 좋은 성과를 내서 결국엔 본인의 주변 사람을 책임지는 역할을 하고 싶어 한답니다.

ESTP

어떤 일이든 일단 하고 보자는 것이 ESTP가 추구하는 가치관이랍니다. '만약 잘 안 풀리면 어떡하지?', '생각보다 별로여서 후회하면 어떡하지?' 같은 걱정은 아마 ESTP와 가장 거리가 먼 걱정일 거예요.

INFJ

주변의 여러 사람들, 상황들과 조화롭게 평화를 유지하고 싶어 해요. INFJ에게 가장 중요한 건 쉽게 흔들리거나 위협받지 않는, 안정적인 삶이거든요.

INFP

스스로 부끄럽지 않은 사람이 되는 것이 많은 INFP들의 궁극적인 목표인 것 같아요. 유난히 꿈과 이상이 높은 INFP에게는 참 힘든 일이기도 하지만, 뜻을 굽히고 타협하는 건 너무나 괴로우니까요.

INTJ

INTJ는 자기만족이 제일 중요하답니다. 자신의 기준에 스스로 만족하지 못하면 힘들어해요. 주변에서 하는 이야기에 영향을 받기보다는 자신이 재밌고, 옳다고 여기고, 또 하고 싶다고 생각하는 길을 가야 해요.

INTP

부당하다고 생각되는 일이 있으면 거기에 굴하지 않고 대항할 줄 아는 사람이 되고 싶어 해요. 지금 바로 대항하지는 못하더라도 그런 사람이 되기 위해 공부하고 노력하려고 하죠.

ISFJ

ISFJ는 주변 사람들에게 도움이 되는 삶을 살고 싶어 해요. 어떤 방식으로든, 어떤 일이든, 선한 영향력을 끼칠 수 있는 일을 하고 싶어 한답니다.

ISFP

ISFP는 소박하고 착한 삶을 살고 싶어 해요. 엄청나게 거창한 목표나 계획을 세우지는 않지만, 주어진 것 안에서 최대한 만족하고, 또 사람들을 선하게 대하며 온화한 인생을 살고자 한답니다.

ISTJ

신뢰와 규칙을 중요시하는 ISTJ는 언제 어디서나 올바른 모습을 보여주는 사람이 되고자 해요. 자기가 맡은 일은 끝까지 직접 해내겠다는 태도를 갖고 있어서, 남에게 민폐가 되지 않고 항상 솔선수범하는 모습을 보여주려고 최선을 다하죠.

ISTP

독립적인 생활 방식을 중요하게 생각하는 ISTP인 만큼, 타인과의 관계보다는 스스로에 대해 더 많이 생각하는 것 같아요. 혼자서도 보람찬 시간을 보낼 줄 알며 스스로에게 당당할 수 있는 삶을 살고자 하죠.

4. 누군가에게 지적을 당한다면?

다른 사람에게 지적이나 비판을 받았을 때, 16가지의 다른 유형은 각각 어떻게 대응할까요?

ENFJ

ENFJ는 예상하지 못한 지적을 받으면 잠시 당황하지만, 곧바로 앞으로 더 발전하겠다는 다짐을 하며 대부분의 지적을 받아들여요. 다만 상대가 하는 말이 사회적으로 인정되지 않는 잘못된 말일 경우에는 상대를 걱정하는 마음에 바로잡아 주기도 하죠.

ENFP

ENFP는 매사에 의견이 확고하기보다는 다른 사람들에게 영향을 많이 받는 편이에요. 그렇다 보니 자신의 생각이 정확한지, 그렇지 않은지에 확신이 없을 때가 종종 있죠. 그래서 누군가가 지적을 한다면 곧잘 받아들여요. 하지만 그와 동시에 마음이 여리기도 해서, 다른 사람들의 지적에 속으로 유독 크게 상처받고 자신감이 떨어지기도 해요.

ENTJ

스스로 생각했을 때, 잘못이라고 인정되지 않으면 ENTJ는 쉽게 받아들이지 않아요. 상황에 따라 일단 어느 정도는 받아들이는 것처럼 넘길 때도 있지만, 그럴 때도 진심으로 받아들이지 않을 때가 많아요.

ENTP

이해가 된다면 물론 받아들일 수 있지만, ENTP는 누군가에게 지적을 당하는 상황에서 반박할 말이 미리 준비된 상태일 때가 많아요. 그래서 지적에 맞서 자신의 의견을 내놓는 경우가 많죠.

ESFJ

잘못을 한 게 아니거나 명백히 누명을 쓴 상황이라면 반박을 하는 편이에요. 그런데 상대의 고집이나 주관이 유난히 센 경우에는 부딪치기보다는 그냥 받아들이는 쪽을 선택하는 게 ESFJ의 특징이죠. 그래서 속으로만 반박할 때가 종종 있어요.

ESFP

ESFP는 다른 사람의 지적을 굳이 반박하기보다는 받아들이려고 할 때가 많아요. 분위기가 얼어붙는 걸 싫어하기 때문에, 웬만해서는 싸움을 만들기보다 그냥 좋게 좋게 넘어가기를 원하거든요. 특유의 선입견 없이 열려 있는 성격 덕분에 자신과 반대되는 의견을 잘 받아들이기도 하고요!

ESTJ

ESTJ는 상대의 의견에 이해되지 않는 부분이 있으면 조금은 집요하다고 느껴질 정도로 자세하게 물어보고 되짚어보곤 해요. 싸우려는 게 아니라 정말 궁금해서 물어보는 거니까 오해는 하지 않도록 해요!

ESTP

ESTP는 상대가 왜 그렇게 생각하는지 이유까지 듣고 싶어 해요. 그리고 이해가 되면 수긍하지만, 그 이유에 오해가 있을 경우에는 망설이지 않고 해명하거나 반박을 하기도 하죠.

INFJ

사람과 부딪히는 것을 어려워하는 INFJ는 웬만해선 나서서 반박하는 경우가 잘 없는 듯해요. 속으로 이해가 되지 않는 경우에는 그냥 겉으로만 수긍하고 상황을 넘어가려고 할 때가 많죠.

INFP

정말 가까운 사람이 아니라면 INFP는 나서서 반박하거나 해명하지 않아요. 해명한다고 해도 제대로 이해받지 못할 거라고 생각하기도 하고, 그렇게 부딪치는 것 자체가 껄끄럽기도 하거든요.

INTJ

반대 의견을 들으면 INTJ는 먼저 멈춰서 가만히 혼자 생각해 보곤 해요. 그 후에 만약 그 사람의 생각이 정말 맞다고 판단되면 받아들이고 고치죠. 기분 나쁜 공격이 아니라 도움이 되는 조언인 경우에는 대부분 진지하게 듣는 게 INTJ의 특징이에요.

INTP

INTP의 두드러지는 특징 중 하나는 객관적이고 합리적인 사고를 하려 한다는 거예요. 뭐든 뼛속까지 하나하나 이해하고 넘어가는 걸 좋아하죠. 그래서 상대방의 지적이 객관적으로 이해가 되는 지적이면 흔쾌히 받아들일 거예요. 하지만 그렇지 않다면, 특유의 분석적인 성격으로 일일이 반박할지도 몰라요.

ISFJ

ISFJ는 다른 사람들의 의견을 크게 반박하지 않고 곧잘 받아들이는 편이에요. 아무래도 ISFJ가 스스로에 대해 엄격한 태도를 가지고 있고 자기반성을 자주 하기 때문이겠죠?

ISFP

차분하고 상냥한 성격을 가진 ISFP는 누군가와 얼굴을 붉히며 말싸움하는 상황을 무척 힘들어하는 유형 중 하나예요. 그래서 누군가가 지적을 한다고 해도 웬만해서는 대놓고 반박하지 않고 그냥 수긍하고 넘어가는 편이죠.

ISTJ

타당한 이유를 제시하면 ISTJ는 아주 잘 받아들이는 편이에요. 그렇게 하면 합리적으로 이해가 되니까요. 그러나 밑도 끝도 없이 비난만 한다면 어떨까요? 그런 상황에서 ISTJ는 반박하는 대신 그냥 '응, 그래' 하고 말아요. 더 이상 말을 섞고 싶지 않기 때문이죠.

ISTP

ISTP는 자신이 완전히 이해하지 못한 일을 하라고 강요받을 때 무척 힘들어해요. 억지로 고집을 부리는 성격은 아니기 때문에 본인이 잘못한 부분이 있으면 바로 사과를 하지만, 상대가 잘못했다면 끝까지 반박하는 편이에요.

5. 스트레스

우리는 주로 어떤 상황에서 스트레스를 받을까요? 그리고 스트레스를 어떻게 해소하면 좋을지도 한번 고민해 봐요.

ENFJ

친구들의 걱정이나 고민을 앞장서서 들어주는 ENFJ인 만큼, 정작 자신의 말이 무시당하는 상황이 되면 억울해하고 스트레스를 많이 받아요. 좋은 친구가 되어주는 것도 중요하지만, 무엇보다 중요한 건 자기 자신을 잘 돌봐주는 거잖아요! 친구에게 서운하거나 속상한 점이 있으면 바로 얘기해 보도록 해요.

ENFP

하기 싫은 일을 해야 할 때, 그리고 잘 못하는 일을 남에게 보여줘야 할 때 스트레스를 받곤 해요. 그럴 땐 친구들을 만나 즐겁게 놀면서 스트레스를 풀 때가 많죠. 때로는 하기 싫은 일이라도 꼭 해야 한다는 걸, 그리고 일단 해내고 나면 훨씬 기분이 좋아질 거라는 걸 기억해 볼까요?

ENTJ

주어진 시간을 최대한 활용하기를 좋아하는 ENTJ인 만큼, 그다지 좋아하지 않는 일이나 별로 의미가 없다고 생각되는 일에 시간을 많이 쓰게 되면 스트레스를 받아요. 이럴 때는 무작정 화만 내기보다는, 그럼 앞으로 남은 시간은 어떻게 나눠서 쓰면 좋을지 천천히 계획해 보는 게 어떨까요?

ENTP

갈등이 있는 상황에서 상대가 논리적이지 못한 말을 하거나 회피하며 피할 때 스트레스를 받아요. 또는 그 상황에서 자신이 힘이 없거나 나약하다고 느껴질 때도 그렇죠. 항상 모든 상황에서 자신이 주도권을 쥘 수는 없다는 걸 받아들이면 마음이 한결 나아질지도 몰라요.

ESFJ

사람들에게 오해를 샀을 때, 혹은 뜻하지 않은 일로 인간관계에 변화가 생겼을 때 스트레스를 받는 편이에요. 하지만 아무리 내가 최선을 다한다고 해도 뜻밖의 사건은 언제든 생길 수 있는 법이니, 자책하는 마음을 조금 내려놓는 게 좋겠죠?

ESFP

스트레스를 많이 받는 편은 아니지만 주로 마감을 지키는 걸 잘 못하는 편이라, 어떤 일에 대한 마감 기한이 다가왔을 때 힘들어하는 편이에요. 힘들겠지만 그래도 미리미리 나눠서 조금씩이라도 해두는 건 어떨까요?

ESTJ

ESTJ는 계획에 차질이 생겨서 시간과 에너지를 낭비하게 될 때 크게 스트레스를 받아요. 이미 열심히 고민해서 가장 좋은 계획을 다 짜두었는데, 그걸 지키지 못하게 되면 짜증이 날 수밖에 없겠죠? 이럴 때는 모든 일이 계획대로만 될 수는 없다는 걸 받아들여 봐요. 가끔은 전혀 생각하지 못했던 새로운 상황에서도 좋은 결과가 나올지도 모르니까요!

ESTP

ESTP는 활동적인 유형이기 때문에, 가만히 한곳에 머물기보다는 바쁘게 여기저기 돌아다니는 걸 좋아해요. 그래서 집에 혼자 오래 있으면 답답해하며 스트레스를 느끼죠. 이럴 때는 밖으로 나가서 친구들을 만나고 신선한 공기도 쐬면서 기분을 전환하는 게 좋아요!

INFJ

INFJ는 상대가 개인적인 영역을 침범하면 스트레스를 받아요. 또는 상식 밖의 행동, 예를 들어 불쾌하거나 무례한 행동을 할 때도 화가 나죠. 스트레스 받는 순간에 바로 감정을 해소하지 못하는 INFJ에게는 시간이 약이에요.

INFP

INFP들은 마음속으로 정말 편하고 가깝게 느끼는 사람들이 아닌 관계에서 오랜 시간을 보내야 하는 경우 힘들어해요. 억지로 분위기를 맞추며 에너지를 쓰는 상황에서 스트레스를 받는답니다. 이런 약속 후에는 꼭 혼자, 아니면 정말 편한 친구와 시간을 보내며 충전하는 시간을 가져 보세요.

INTJ

여러 사람이 합심해서 하나의 일을 하는 경우에 INTJ는 대체로 본인의 할 일을 잘해내요. 하지만 다른 사람이 그러지 못해서 INTJ에게도 영향이 오는 상황이 생기면 스트레스를 많이 받아요. 남들의 다름을 인정하고, 마음의 여유를 가져보는 건 어떨까요?

INTP

본인이 생각하기에 명확히 이해되지 않는 일들을 강요받을 때 스트레스를 받는 편이에요. 자신이 이해할 수 없는 것은 그냥 참고 넘어가지 못하는 INTP는 이럴 때 주로 그 상황에 맞서 싸우고 따져야 스트레스가 풀려요

ISFJ

서로 다투는 상황을 좋아하지 않아요. 이럴 때 스트레스를 받는 ISFJ는 주로 나서서 이 상황을 중재하고 해결하려고 합니다. 하지만 자신이 모든 일을 해결해야 한다는 부담을 느끼진 말기로 해요!

ISFP

사람들에게 싫은 소리를 하기보다는 그냥 속으로 삭힐 때가 많은 ISFP는 이런 성향 때문에 스트레스가 쌓일 때가 있어요. 그렇지만 가끔은 마음 속에 있는 이야기를 밖으로 꺼내놓고 솔직한 모습을 보이는 게 도움이 될 수도 있답니다.

ISTJ

이도 저도 할 수 없는 상황에 처했을 때 스트레스를 받아요. 어떤 상황이 닥쳤을 때, ISTJ는 주로 자신이 여기서 무슨 일을 할 수 있는지 고민하는 편이거든요. 계속 생각해 봐도 지금 당장 할 수 있는 일이 없는 상황을 가장 힘들어해요. 이럴 때 너무 초조해하지 말고 주변 친구들과 이야기해 보며 함께 해결책을 찾아나가면 좋겠죠?

ISTP

독립성이 강한 ISTP는 누군가 자신의 삶에 간섭하거나 참견할 때 스트레스를 받아요. 자신의 의지와 상관없이 통제되는 것을 힘들어한답니다. 또 효율성을 중시하기 때문에 시간 낭비라고 생각되는 일에 스트레스를 받기 쉬워요. 이럴 때 혼자만의 시간을 가지거나, 몸을 움직이는 활동을 하면서 기분 전환하는 것이 좋아요!

6. 용돈을 받았을 때의 나

각자 용돈을 받았을 때 어떤 식으로 용돈을 쓰거나 모으는지 파악해 보고, 그러한 습관의 강점과 약점에 대해서도 생각해 보아요.

ENFJ

용돈을 쓸 때도 계획적으로 쓰려고 노력하는 ENFJ! 매달 '이만큼만 쓰자' 하고 정해둔 선이 있고, 또 '이만큼은 모아야지' 하고 생각해둔 목표도 있어요. 물론 그렇다고 해서 충동적으로 구매하는 일이 한 번도 없는 건 아니지만, 그럴 때도 정해둔 목표에 방해가 되지 않는 선에서만 돈을 쓰려고 한답니다.

ENFP

돈을 쓰는 데 있어서 충동적인 성향이 강한 ENFP는 용돈을 어떻게 쓰고, 또 어떻게 모을지 꼼꼼히 계획을 세우는 편은 아니에요. 특히 친구들을 만나서 놀 때, 그리고 좋아하는 친구들에게 선물을 해줄 때 아낌없이 돈을 쓰는 편이죠.

ENTJ

계획하지 않은 갑작스러운 소비는 ENTJ에게서 좀처럼 찾아볼 수 없답니다. 물건을 살 때는 항상 효율성을 고려하는 편이랍니다. 장기적으로 계획을 세우고 용돈을 모으는 것을 잘하는 성격이에요.

ENTP

살까 말까 하고 망설이게 되는 상황이라면 ENTP는 굳이 사지 않아요. ENTP가 생각하기에 확신이 없다면 운명이 아닌 거라고 할 수 있거든요. 강하게 확신이 생기는 경우라면 주저하지 않고 돈을 쓰지만요!

ESFJ

미리 계산해서 소비할 때가 많은 ESFJ는 무언가를 사기 전에 다양한 정보를 알아두는 편이에요. 후기나 평점 같은 것도 꼼꼼하게 확인해 보는 편이랍니다.

ESFP

ESFP는 충동에 약한 편이기 때문에 한번 돈을 쓰면 확 쓰는 경우가 많아요. 친구들과의 만남을 좋아하는 만큼, 약속에 쓰는 비용이 많기도 하고요. 게다가 꾸미는 걸 좋아하기도 해서, 옷이나 액세서리를 사는 데도 돈을 종종 쓴답니다.

ESTJ

ESTJ는 충동구매와 거리가 먼 유형이에요. 무언가를 사기로 마음먹고 나면, 하나부터 열까지 철저하게 조사해서 가장 완벽한 구매를 하려고 노력하는 편이랍니다.

ESTP

ESTP는 종종 과소비를 하는 편이에요. 정해진 용돈보다 더 쓸 때도 있어요. 자잘한 일에는 고민하지 않고 돈을 쓰고, 큰 금액이어도 갑작스럽게 물건을 사는 일이 있답니다.

INFJ

불필요하게 돈을 쓰는 일은 굳이 만들지 않는 편이에요. INFJ들은 무언가를 사기 전에 이게 나에게 정말 필요한 건지, 효과적으로 쓸 수 있을지, 이걸 진짜 갖고 싶어 하는 게 맞는지 등등 여러 관점에서 깊게 고민한 후에 결정을 내려요.

INFP

INFP는 유독 충동구매를 많이 하는 유형이에요. '더 이상은 쓰면 안 돼!' 하고 정해둔 기준이 따로 없어서 그때그때 기분에 따라 돈을 흔쾌히 쓰는 편이거든요.

INTJ

계획한 범위 내에서만 돈을 쓰는 편이고, 절약과 저축에도 자신이 있어요. 매사에 철저한 INTJ는 자신에게 꼭 필요한 것, 사면 좋을 것, 저렴하게 살 수 있는 곳 등등을 확실히 조사해 두기 때문에 웬만해서는 그 계획에서 벗어나는 일이 없답니다.

INTP

INTP는 합리적인 소비를 합니다. 꼭 필요한 게 아니라면 구매하지 않는답니다. 평소에 씀씀이가 큰 편은 아니라 용돈을 모으는 게 어렵지 않아요.

ISFJ

미리미리 정보를 파악해 두는 ISFJ는 할인 소식을 다 외우고 있을 때가 많아요. 그래서 마음에 드는 제품은 할인할 때 바로 사곤 하죠. 그리고 하나가 마음에 들면 굳이 새로운 시도를 하지 않고 그 제품에 정착할 때도 많답니다.

ISFP

큰 욕심이 없는 ISFP는 용돈을 펑펑 써버리는 편은 아니에요. 사고 싶은 것들이 많지는 않거든요. 하지만 미리미리 꼼꼼히 계획을 세우는 유형도 아니기 때문에, 가끔은 충동적으로 무언가를 구매한 후에 후회할 때도 있답니다.

ISTJ

ISTJ는 계획적인 지출을 하는 데 아주 강한 편이에요. 무언가를 살 때, 본인이 마음속으로 정해둔 금액을 웬만해서는 넘기지 않는답니다. 용돈기입장을 꼼꼼히 쓰는 유형이기도 해요

ISTP

ISTP는 무던하고 크게 욕심이 없는 성격으로 평소에 물건을 많이 사는 편은 아니에요. 하지만 즉흥적으로 큰 금액의 물건을 충동구매 하게 되는 경우가 종종 있어요.

7. 놀러 갈 때 나의 모습

생각만 해도 신나는 친구들과의 만남! 친구들과 놀러 갈 때 우리는 어떤 모습일까요?

ENFJ

먼저 친구들에게 연락해 직접 약속을 만드는 경우가 많은 ENFJ! 아직 만나기로 한 날이 한참 남았다고 해도 ENFJ의 머릿속에는 이미 어디를 갈지, 뭘 먹을지 등등 계획이 다 잡혀 있을 거예요.

ENFP

즉흥적인 것을 좋아하는 ENFP는 친구와 놀러 갈 때 미리 계획을 짜지 않는 걸 더 좋아해요. 그날의 상황에 따라서 그때그때 결정하는 게 훨씬 편하고 재밌다고 생각한답니다.

ENTJ

계획 하면 ENTJ, ENTJ 하면 계획이죠? ENTJ는 만나기 전에 미리 구체적인 계획을 짜두는 걸 좋아해요. 만약 갑자기 가기로 했던 식당이 문을 닫았다고 해도 놀랄 필요 없어요. ENTJ의 머릿속에는 이미 '계획이 실패했을 때를 위한 계획'까지 들어있을걸요?

ENTP

친구와 만나서 헤어질 때까지 시간 단위로 세세하게 계획을 하지는 않지만, 그래도 간단히 생각해 둔 일정 정도는 있는 편이에요. ENTP는 계획대로 되지 않는다고 해서 짜증이 나거나 스트레스를 받지는 않아요. 친구와 만나서 놀 때 제일 중요한 건 그날의 분위기, 그리고 그날 친구와 나의 기분이니까요.

ESFJ

날씨부터 시작해서 가볼 만한 곳 등등을 친구와 만나기 전에 미리 알아두는 편이에요. 뭘 어떻게 하고 놀지에 대해서 어느 정도의 틀은 짜둬야 마음이 놓인답니다.

ESFP

ESFP는 세밀한 계획을 짜는 데는 그다지 관심이 없어요. '굳이 다 그렇게 미리 해둬야 하나?' 하고 생각할 때가 많죠. 그래서 그냥 그때그때 되는 대로 결정하면서 즐겁게 노는 걸 좋아한답니다.

ESTJ

ESTJ는 일단 친구와 만나기로 정하고 나면 빠르게 일정을 짜는 것을 좋아해요. 정해두고 나야 마음이 편해지거든요. 이런저런 선택지를 다 살펴본 후에 모두가 가장 만족할 수 있을 만한 쪽으로 결정하려고 해요.

ESTP

미리 짜둔 계획이 있다고 하더라도, 막상 친구와 놀기로 한 당일에 더 좋은 선택지가 나타나면 주저하지 않고 그쪽으로 방향을 트는 게 ESTP의 특징이라고 할 수 있을 것 같아요. 계획에 얽매이지 않는다고 할까요?

INFJ

돌발 상황에 유독 당황하는 INFJ는 친구와 무얼 하고 놀지 아주 세밀하게 짜두어야 안심할 수 있어요. 약속 한참 전부터 하나부터 열까지 척척 준비해 놓는 아주 든든한 친구예요!

INFP

INFP는 미리 일정을 짜두는 것 자체에 거부감을 느끼진 않아요. 실제로 친구와 함께 신나게 이런저런 계획을 같이 정하기도 하고요. 그런데 막상 친구와 놀기로 한 날, 그 계획대로 놀지 않더라도 크게 스트레스를 받지는 않아요! 미리 짜둔 계획을 하나하나 정확히 지키는 데는 별로 관심이 없거든요.

INTJ

꼼꼼한 INTJ인 만큼 친구와의 만남에 있어 계획을 미리 짜긴 하지만, 모든 계획이 완벽히 이행되기는 어렵겠죠? 만약 실제로 만나서 놀다가 계획이 어그러지게 된다면, '어차피 원래 계획대로 했으면 힘들었을 거야'라고 스스로 합리화를 하곤 해요.

INTP

INTP는 대부분의 경우에 계획을 세워두더라도 그걸 제대로 지키지 않는 편이에요. 본인도 자신의 그런 성격을 잘 알고 있답니다. 그래서 계획의 중요성을 딱히 느끼지 못하기 때문에, 친구와 어떻게 놀지 구체적으로 정해두지는 않아요.

ISFJ

ISFJ는 웬만해서는 계획에 빈틈이 생기는 걸 허락하지 않아요. 시간 단위로 세세하게 계획을 짜는 경우가 많죠. 그리고 만약 돌발 상황이 생긴다고 하더라도 쉽게 대응할 수 있도록 다양한 후보군도 준비한답니다.

ISFP

ISFP는 계획 자체도 느긋하고 널널하게 짜두는 편이에요. 약속의 큰 주제나 틀 정도만 세워둔다고 할까요? 그래서 그때그때 상황에 맞게 움직이는 편이고, 계획에 크게 구애받지 않아요.

ISTJ

ISTJ는 친구와 만나서 정해진 일정대로 움직이는 걸 좋아하는 편이에요. 일정이 갑자기 바뀌거나, 계획이 틀어져 시간이 낭비되는 것을 좋아하지 않아요. 그래서 먼저 앞장서서 친구들 몫까지 계획을 짤 때도 많답니다.

ISTP

무던한 성격을 가진 ISTP인 만큼, 그때그때 상황에 따라 맞추는 것 같아요. 편안한 분위기의 모임이라면 느긋하게 준비하기도 하고, 오랜만에 큰맘 먹고 만나는 거라면 조금 더 세밀하게 계획하기도 한답니다.

1. 부모님에게 나는 어떤 아이일까요?

각각의 유형이 부모님에게는 어떻게 보일지 살펴봐요.

ENFJ

ENFJ는 워낙 다정하고 사람들을 잘 챙기는 성격이다 보니 집에서도 사이좋은 가족 관계를 위해 앞장설 때가 많아요.

ENFP

ENFP는 매사에 크게 힘들어하지 않고 걱정이 없는 편이라, 부모님 입장에서는 그런 면이 참 안심이 되는 유형이랍니다.

ENTJ

스스로 갖고 있는 목표와 그를 위한 추진력이 돋보이는 ENTJ! 특별히 하나하나 돌보지 않더라도 알아서 잘 성장하는 아이라고 할 수 있겠죠?

ENTP

마음이 단단한 유형인 만큼, 남에게 상처를 받을까 봐 부모님이 걱정할 필요는 없을 것 같아요. 다만 간섭과 통제를 유독 싫어하기도 해서, 이를 조율하는 과정에서 오히려 부모님이 상처를 받을지도 몰라요.

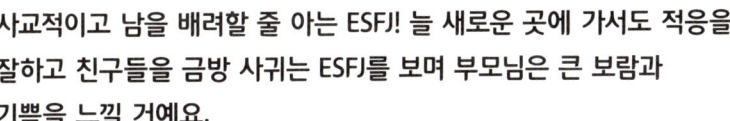

ESFJ

사교적이고 남을 배려할 줄 아는 ESFJ! 늘 새로운 곳에 가서도 적응을 잘하고 친구들을 금방 사귀는 ESFJ를 보며 부모님은 큰 보람과 기쁨을 느낄 거예요.

ESFP

부모님의 결정에 무작정 따르기보다는 하고 싶은 대로 하려는 경향이 있는 자유로운 ESFP! 부모님이 너무 통제하려고만 하지 않는다면 가족과 사이좋게 지낼 수 있을 거예요.

ESTJ

ESTJ는 크게 엇나가는 일 없이 부모님 밑에서 잘 자라는 유형이에요. 뭐든 알아서 열심히 하는 성격이라 부모님이 크게 걱정할 일이 없답니다.

ESTP

ESTP는 부모님의 지나친 속박 아래에 놓이면 사이가 틀어지기 쉬운 유형이랍니다. 부모님이 강제성을 많이 내려놓으면 알아서 잘 크는 편이에요!

INFJ

INFJ는 대체로 부모님의 훈육 방식을 따른답니다. 그래서 다른 유형들에 비해 부모님과 다투거나 꾸중을 듣는 경우가 아주 적어요.

INFP

평소에 부모님과 터놓고 이야기하는 편이 아니기 때문에, 싸움이 잦지는 않아요. 그러나 한번 다투게 되면 싸움이 아주 커지는 경향이 있어요.

INTJ

크게 속 썩이는 일 없는 INTJ이지만, 본인의 생각이 명확한 만큼 부모님의 이야기가 이해되지 않으면 그냥 넘어가지 못해요. 빈말을 하지 못하는 성격이랍니다.

INTP

독립적으로 행동하는 걸 좋아하기 때문에, INTP에게는 부모님이 챙겨줘야 할 것들이 많지 않아요. 오히려 자녀를 통제하려고 할 경우에 어긋날 수도 있어요.

ISFJ

부모님과 많은 걸 공유하는 편은 아닌 ISFJ. 혼자서 많은 일들을 묵묵히 잘해내는 경우가 많아요. 하지만 착실하고 상냥한 성격 덕분에 어디 가서 문제를 일으키는 일은 없으니, 조용하다고 해서 부모님이 걱정할 필요는 없는 유형이에요.

ISFP

주로 부모님의 말씀에 의문을 품지 않고 따르는 편인 ISFP. 그러나 그만큼 속으로 상처가 많을지도 모르니, 부모님이 종종 마음속을 들여다봐 주는 것이 좋아요.

ISTJ

시키는 일을 잘 따르고, 하지 말라는 일은 하지 않는 편인 ISTJ는 부모님과 무난한 관계를 유지하는 경우가 많답니다. 규칙을 따르는 게 ISTJ에게는 크게 어려운 일이 아니거든요.

ISTP

조금 무뚝뚝하고 솔직하게 감정 표현을 하지 않는 점이 부모님을 서운하게 할지도 모르지만, 이 부분을 제외하면 부모님과 언성을 높이면서 싸울 만한 성향은 아니랍니다.

2. 부모님을 이해해 봐요

그럼 각각 다른 유형의 부모님은 어떤 모습일까요?

ENFJ

ENFJ는 주로 자상한 부모님일 때가 많지만, 우리를 올바른 방향으로 이끌기 위해 가끔은 엄한 모습을 보일 때도 있어요. 특히 우리가 옳고 그름을 구분할 수 있는 사람으로 성장할 수 있도록 신경 써서 가르쳐 주신답니다.

ENFP

우리의 고민이나 스트레스에 적극적으로 공감해 주는 ENFP 부모님은 아이와 편한 친구 같은 관계를 형성하기도 해요. 시험 성적보다 우리의 행복을 더 중요하게 생각한답니다.

ENTJ

말뿐이 아니라 직접 행동으로 보여주며 자녀에게 좋은 가치관을 알려 주고 싶어 하는 편이에요. 무엇보다 ENTJ 부모님이 중요하게 가르치는 건 '주체적인 삶'이랍니다. 아이가 스스로 생각할 줄 아는 사람이 되었으면 하는 게 ENTJ 부모님의 바람이에요.

ENTP

ENTP 부모님은 아이가 사소한 것에 흔들리거나 힘들어하지 않기를 바라요. 넘어졌다고 울며 아파하기보다는 염증이 안 생기게 잘 소독할 줄 알고, 상처는 곧 아물 거라는 사실을 잊지 않는 아이로 키우려 한답니다.

ESFJ

모든 부모님이 그렇지만, ESFJ 부모님은 자녀를 위해 늘 노력하며 헌신적인 모습을 보일 때가 유독 많습니다. ESFJ 부모님이 각별히 신경 써서 자녀에게 가르치고 싶어 하는 게 있다면, 바로 예의를 갖추고 배려할 줄 아는 자세일 거예요.

ESFP

본인이 자녀로서 통제받는 걸 좋아하지 않듯, ESFP 부모님 또한 웬만해선 본인의 아이들을 자유롭게 키우려고 한답니다. 그래서 상대적으로 너그럽고 관대한 부모님인 경우가 많아요.

ESTJ

ESTJ 부모님의 강한 책임감이 때에 따라 독이 될 수도 있어요. 만약 아이가 부모님의 말씀을 군말 없이 따르는 유형이라면 최고의 관계가 될 수 있지만, 그렇지 않다면 아이를 지나치게 통제하게 될지도 몰라요.

ESTP

ESTP 부모님은 우리가 하고자 하는 게 있다면 통제하지 않고, 묵묵히 지원해 주는 편이에요. 평소에는 아이와 격의 없이 가벼운 친구 같은 사이를 유지하려고 한답니다.

INFJ

INFJ 부모님은 안전을 위해 우리를 어느 정도 통제하며 양육하는 편이에요. 그리고 자신을 어느 정도 희생하면서 아이에게 좋은 환경을 만들어주기 위해 노력하기도 하죠.

INFP

INFP 부모님은 무엇보다 우리가 선하고 이상적인 사람으로 자랄 수 있도록 키우려 해요. 통제하기보다는 편하게 풀어주려고 하는 편이기도 하고요.

INTJ

INTJ 부모님은 자신의 기준을 아이에게도 비슷하게 적용하려는 경향이 있어요. 아이와 성향이 일치한다면 무척 좋은 일이지만, 그렇지 않을 경우에는 힘들어질 수도 있겠죠. 특히 예의 있고 올바른 사람으로 크길 바란답니다!

INTP

INTP 부모님은 사회나 부모 자신의 가치관을 주입하기보다는 아이 본인의 자율적인 태도를 키워주려고 노력해요. 보호자라는 이유만으로 특정한 사고방식이나 규칙을 강요하지는 않으려고 한답니다.

ISFJ

ISFJ 부모님은 솔선수범하는 모습을 보이며 우리에게 긍정적인 영향을 준답니다. 무엇보다도 우리가 스스로 부끄럽지 않은, 후회 없는 삶을 살도록 가르쳐주려고 해요. 가족적인 성향이 높은 만큼 따뜻하고 평화로운 가정을 꾸리기 위해 애쓴답니다.

ISFP

우리를 선하고 바른 사람으로 키우고자 하는 마음이 강한 ISFP 부모님은 강압적이지 않고 온화한 방식으로 자녀를 훈육하고자 해요.

ISTJ

ISTJ 부모님은 다른 것보다도 양심을 속이지 않고 올바른 삶을 사는 것을 중요하게 가르쳐요. 책임감 강하고 엄격한 면이 있는 ISTJ 부모님은 이를 위해 최선을 다해 노력한답니다.

ISTP

우리에게 특정한 가치관을 주입하지 않으려는 ISTP 부모님은 무엇보다 아이가 정직하게 살기를 바라요. 남에게 큰 이익을 가져다주는 사람이 되라고 말하지는 않지만, 적어도 우리가 손해를 보지 않고 독립적으로 삶을 잘 꾸려나가는 사람이 되길 바라죠.

3. 가족을 대하는 마음

나는 독립적인 편일까요? 가족적인 가치를 중요하게 생각하는 편일까요?

ENFJ

가족들의 의견에 전부 동의하는 것은 아니더라도, 문제를 만들고 싶지 않아 가족의 의견을 따를 때가 많아요. 또한 집에 있기보다는 밖에서 친구들을 만나며 많은 시간을 보내는 편이라 특별히 가족과 시간을 많이 보내는 유형은 아니에요.

ENFP

가족과 터놓고 조잘조잘 많은 이야기를 하는 것을 좋아하는 ENFP는 유독 가족과 가깝게 지내는 유형이기도 해요. 같이 즐거운 시간을 보내는 것도 좋아한답니다.

ENTJ

이해되는 이유가 있는 게 아니라면 무조건 가족들의 말을 따르는 성격은 아니에요. 가족적인 가치를 크게 중요하게 생각하는 유형도 아니라 상당히 독립적인 편이지만, 가족에 대한 책임감은 강하답니다.

ENTP

가족들의 의견 중 따를 수 없는 부분이 있으면, 가족들을 적극적으로 설득해서 최대한 자신의 의견이 반영될 수 있도록 노력하는 성격이에요. 가족들의 의견을 무조건 따르지는 않고 다소 독립적인 유형이지만, 그렇다고 가족과 시간을 보내는 걸 싫어하는 건 아니랍니다!

ESFJ

ESFJ 유형은 가족과 꽤 친하고 가까운 관계를 유지하는 성격이에요. 가족과 자신 사이에 크게 비밀을 만들지 않고, 웬만한 이야기는 다 편하게 털어놓기도 하고요. 가족과 떨어져 있기보다는 함께 시간을 보내는 걸 좋아해요.

ESFP

ESFP는 가족적인 가치보다는 독립적인 면을 중요시하기 때문에, 자신을 억압하려고 하면 사이가 크게 나빠질 수 있어요. 물론 가족들이 섭섭할 수는 있겠지만, 그렇다고 해서 근거 없는 귀가 시간을 정한다거나 하면 감정의 골이 깊어질 수도 있답니다.

ESTJ

늘 바쁜 ESTJ는 정말 정신없이 하루하루를 보내는 유형 중 하나지만, 그러는 와중에도 틈틈이 가족들과 시간을 보내려고 노력한답니다.

ESTP

ESTP는 가족들에게 모든 이야기를 하지는 않지만, 경우에 따라 현실적인 조언을 구할 때는 있답니다. 독립적인 성향이 커서 한집에 살더라도 서로 크게 신경 쓰지 않고 각자 할 일을 하는 걸 좋아해요.

INFJ

INFJ는 가족들에게 조언을 구하기도 하고, 일상적인 이야기도 많이 하는 편이에요. 귀가 시간에 관해서도 주로 가족의 의견을 따라요. 크게 대립하지 않고, 가족과 시간을 보내는 것도 좋아한답니다.

INFP

INFP는 가족적인 가치에 크게 관심을 두지 않고 독립적으로 혼자 본인의 취미 활동을 즐기는 걸 좋아해요. 취미를 공유할 수 있으면 쉽게 가족과 가까워지겠지만, 이를 이해받지 못하면 가족 사이에 벽이 생길지도 몰라요.

INTJ

INTJ는 친구를 비롯한 주변 사람들뿐만 아니라 가족들에게도 원래 본인의 속내를 잘 털어놓지 않는 성격이에요. 그래서 가족들에게 고민 상담을 하거나 조언을 구하는 경우는 정말 드물죠.

INTP

본인이 이해가 되지 않으면 실행에 옮기지 못하는 성격인 INTP는 가족들이 근거 없이 강압적인 통제를 할 경우에 그냥 따르지 않는 경우가 많아요. 또한 독립적이라서 가족들과 시간을 보내는 데 큰 노력을 들이는 편도 아니랍니다.

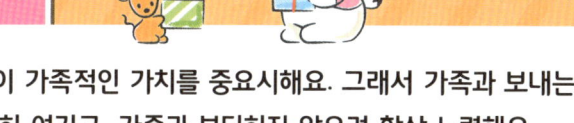

ISFJ

많은 ISFJ들이 가족적인 가치를 중요시해요. 그래서 가족과 보내는 시간을 소중히 여기고, 가족과 부딪히지 않으려 항상 노력해요.

ISFP

가족과 대놓고 갈등이 많은 유형은 아니지만, 그렇다고 해서 가족적인 가치가 크게 중요한 유형은 아니에요. ISFP는 독립적인 성향이 상대적으로 더 크기 때문에 혼자 시간을 보내는 걸 좋아한답니다.

ISTJ

ISTJ는 규칙에 크게 반항하지 않고 따르는 성격이기도 하고, 가족들과 도란도란 이야기하며 시간 보내는 걸 좋아한답니다. 한마디로 ISTJ는 가족적인 가치를 꽤 중요하게 여기는 유형이에요.

ISTP

사소한 일상 이야기는 하더라도 진지한 고민 상담까지는 가족들과 하지 않는 ISTP! 이러한 면에서 알 수 있듯이 ISTP는 꽤나 독립적인 성향을 가지고 있어요.

CHAPTER 3
친구

1. 잘 맞는 친구

각각의 유형에게 어떤 친구가 잘 맞을까요?

ENFJ

주변 사람들을 많이 신경 쓰는 ENFJ인 만큼 정작 스스로에게는 신경을 못 쓸 때가 있는데, ENFJ를 따스하게 챙겨주는 배려심 있는 친구들에게 크게 감동을 받곤 해요.

ENFP

ENFP 주변에는 함께 감정적으로 공감할 수 있는 친구들이 많은 편이에요. 특히나 먼저 말하지 않아도 알아서 ENFP의 감정을 파악해주고 거기에 맞춰주는 친구들에게 감동받죠.

ENTJ

ENTJ는 크게 감정을 소모할 일 없이, 여러 주제에 대해 터놓고 편하게 이야기할 수 있는 친구를 좋아해요. 힘든 일이 있을 때 그냥 위로해주는 것보다는, 같이 해결책을 고민하고 배울 점이 있는 대화를 나누는 걸 좋아한답니다.

ENTP

ENTP는 다양한 주제에 대해 토론을 할 수 있는 친구와 함께하는 걸 좋아해요. 서로 상처를 받거나 주지 않고서도 열린 마음으로 상반된 의견에 대해 이야기를 나눠보는 것! 이거야말로 ENTP가 정말 좋아하는 일이랍니다.

ESFJ

친구가 많은 ESFJ인 만큼 주변에 아주 다양한 유형의 친구들이 있을 거예요. 딱히 안 맞는 유형은 없고 어떤 유형이든 기꺼이 맞춰주는 ESFJ이지만, ESFJ의 말을 잘 들어주고 편한 분위기를 이끌어주는 친구라면 더 좋겠죠?

ESFP

떠들썩하고 유쾌한 시간을 즐기는 ESFP! 그런 모임에서 주인공이 되어 주목을 받는 것도 ESFP가 정말 좋아하는 일 중 하나랍니다. 그럴 수 있도록 분위기를 함께 끌어 올려주고 ESFP를 띄워주는 친구가 있다면 더할 나위가 없을 거예요.

ESTJ

이성적인 성향을 가진 ESTJ인 만큼, 자신에게 감정적인 요구를 크게 하지 않는 친구와 오랫동안 좋은 관계를 유지할 확률이 높아요. 그냥 서로 편하고 담백하게 이야기를 나누면서, 불필요한 감정 소비를 바라지 않는 친구에게 호감을 느낀답니다.

ESTP

현재에 충실하고 싶어 하는 ESTP는 그때그때 즐거운 시간을 보낼 수 있는 친구를 좋아해요. 생각지도 못했던 즉흥 여행을 떠난다거나, 예측 불가능한 모험을 기꺼이 함께 가줄 친구라면 +100점!

INFJ

감정의 기복이 있고, 그 감정을 바로바로 드러내서 해소하는 걸 어려워 하는 INFJ에게는 먼저 눈치채고 다가와 주는 친구가 최고예요. 같이 있을 때 가면을 써야 한다는 부담감이 느껴지지 않는, 배려심이 깊고 담백한 분위기의 친구들을 좋아한답니다.

INFP

마음에 드는 친구가 있어도 먼저 다가가기까지 한참을 망설이는 INFP 이기 때문에, 먼저 마음을 활짝 열고 다가와 주는 친구들에게 고마움을 느껴요. 또 INFP가 소중히 여기는 자신의 취향에 대해 귀 기울여 들어주고 칭찬까지 해준다면 더 바랄 게 없을 거예요.

INTJ

신념과 기준이 확고한 만큼 자신의 생각을 이해해 줄 수 있는 친구를 반겨요. '이건 원래 이런 거야' 하고 사회의 관습을 강요하지 않고 INTJ의 생각을 받아들여 주길 바라죠.

INTP

한 가지 관심사가 생기면 그걸 아주 깊게 파고드는 INTP이기 때문에, 관심사가 통하는 친구와는 몇 시간이고 이야기할 수 있어요. 하지만 관심사가 겹치지 않아도 괜찮아요! INTP는 서로 의견이 다르더라도 불편해하지 않고 토론하듯 이야기할 수 있는 친구도 좋아하거든요.

ISFJ

ISFJ는 본인이 그렇듯 무언가를 할 때 계획을 미리 세워두고, 상대를 배려하는 성향을 가진 친구와 잘 맞는다고 느껴요. 친구들을 많이 신경 써주는 만큼 혹시라도 실수를 하지 않았을까 자주 고민하기도 하는데, 그럴 때 ISFJ를 편하게 안심시켜 줄 수 있는 친구라면 최고일 거예요.

ISFP

예술에 관심이 많은 ISFP는 자신과 마찬가지로 예술에 흥미를 느끼는 창의적인 친구들과 즐겁게 대화하는 편이에요. 가끔 누군가와 이야기를 하다 보면 다채롭고 풍부한 대화로 시간이 가는 줄도 모를 때가 있죠? ISFP는 그런 친구들에게 반한답니다.

ISTJ

ISTJ는 개인적인 시간과 공간이 중요한 유형이에요. 일관되고 변함이 없는 삶을 추구하기 때문에 안정적이고 진중한 성향의 친구와 잘 맞아요! 갑작스럽게 약속을 잡거나 변덕스러운 것을 좋아하지 않는답니다.

ISTP

ISTP는 독립적인 유형이기 때문에 자신의 영역을 함부로 침범하지 않고 존중해 주는 친구들을 좋아해요. 자꾸 꼬치꼬치 캐묻지 않고, 부담스럽게 만들지 않고, 적당한 거리에서 든든하고 다정한 친구가 되어주면 좋겠죠?

2. 친구에게 먼저 다가가기

친구를 사귈 때 먼저 다가가는 편인가요? 유형별로 대답이 어떻게 다른지 한번 확인해 봐요.

ENFJ

모두에게 긍정적인 첫인상을 남기려 노력하는 ENFJ는 먼저 다가가는 편이에요. 매번 다가가기보다는, '이 상황에서 나 아니면 아무도 먼저 행동하지 않겠는걸?'이라는 판단이 들면 그때 행동으로 옮길 때가 많답니다.

ENFP

ENFP는 마음에 드는 친구가 있으면 앞장서서 티를 내려고 해요. 먼저 적극적으로 말을 걸기도 하고, 사탕이나 먹을거리를 챙겨주기도 하고요!

ENTJ

ENTJ는 먼저 말을 거는 편이에요. 다만 그게 항상 그 사람과 친해지고 싶어서는 아니라는 점! 그냥 어색한 기류를 피하고 싶어서 먼저 침묵을 깨는 경우도 많답니다.

ENTP

언제 어디서든 자신감이 넘치는 ENTP! 교류에 적극적인 성격은 아니지만, 재치가 있고 말주변이 좋답니다. 가끔은 짓궂은 장난으로 친해지기도 해요.

ESFJ

친구 사귀기를 좋아하는 ESFJ는 망설이지 않고 선뜻 다가가서 친구를 만들어요. 새로운 친구를 만드는 일만큼 ESFJ를 신나게 하는 일이 또 있을까요? 배려심 있는 ESFJ는 칭찬을 해주거나 가벼운 선물을 준비하는 등의 노력을 한답니다.

ESFP

분위기가 맞는 친구라면 ESFP는 적극적으로 애정 공세를 펼쳐요. 같이 놀러 가자고 먼저 얘기하거나, 생일 파티에 초대하기도 하죠. ESFP의 발랄함에 넘어가지 않을 사람은 거의 없을걸요?

ESTJ

ESTJ는 E로 시작하는 유형이지만 내향형에 가까운 유형이랍니다. 본인에게 도움이 되는 관계라고 생각될 때 다가가는 편이에요. 오히려 다른 사람들이 ESTJ에게 먼저 다가가는 경우가 많아요.

ESTP

ESTP는 두말할 것 없이 먼저 다가가는 유형이에요. 호기심이 많고 자유로운 영혼을 가지고 있기 때문에, 새로운 사람을 만나서 친해지는 걸 아주 좋아하거든요. ESTP 특유의 말장난과 유머로 많은 친구들을 사로잡는 편이에요.

INFJ

처음 만나는 사람들과 다소 어색한 분위기가 이어진다면 INFJ가 앞장서서 대화를 주도하고 분위기를 끌어올리기 위해 노력할지도 몰라요. 하지만 마음의 장벽이 높은 INFJ에게 그게 곧바로 친구 사이를 의미하지는 않는답니다.

INFP

정말 머리부터 발끝까지 딱 들어맞는 친구라면 적극적으로 다가가는 INFP의 모습을 볼 수도 있겠지만, 대다수의 상황에서 INFP는 먼저 다가와 주는 친구들에게 선택을 받는 쪽이에요.

INTJ

아는 것이 많고 똑똑한 INTJ! 보통은 처음 보는 사람들 앞에서 조용히 있는 편이고 먼저 이야기를 하지 않지만, 자신과 대화 수준이 맞는다고 생각되는 사람이 있다면 적극적으로 다가가서 말을 걸기도 해요. INTJ가 먼저 다가와 준 적이 있다고요? 엄청난 행운의 주인공인걸요?

INTP

INTP는 웬만해서는 먼저 다가가지 않는 유형이에요. 하지만 상대가 마음에 들지 않아서가 아니라 낯을 가려서, 혹은 굳이 먼저 다가가야 할 필요성을 느끼지 못해서인 경우가 많답니다.

ISFJ

ISFJ는 처음 보는 사람들에게 먼저 다가가는 편은 아니에요. 새로운 관계를 만드는 데 어느 정도 부담감이 있기 때문이에요. 굳이 관계를 확장시키기 위해 노력하지 않는답니다.

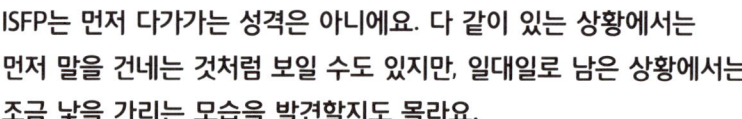

ISFP

ISFP는 먼저 다가가는 성격은 아니에요. 다 같이 있는 상황에서는 먼저 말을 건네는 것처럼 보일 수도 있지만, 일대일로 남은 상황에서는 조금 낯을 가리는 모습을 발견할지도 몰라요.

ISTJ

ISTJ는 여럿이 있는 상황에서는 좀처럼 먼저 나서지 않지만, 반대로 단둘이 있을 때에는 먼저 말을 건네는 편이에요. 어색한 분위기를 빨리 깨고 싶기 때문이죠.

ISTP

ISTP는 다 같이 있을 땐 말을 잘 걸지 않는 편이에요. 다만 그중에 친해지고 싶은 사람이 있을 경우, 그 사람이 혼자 있을 때 은근슬쩍 다가가서 말을 걸곤 한답니다.

3. 친구의 고민 상담

만약 친구에게 고민이 있다면, 유형별로 어떻게 상담을 할지 궁금하지 않나요?

ENFJ

친구가 힘들어할 때 곁에서 함께해 주는 게 자신의 역할이라고 생각하는 ENFJ들은 최선을 다해 친구의 이야기를 들어줘요. 친구가 힘든 이야기를 터놓고 할 수 있을 정도로 믿음직한 친구가 됐다는 생각에 뿌듯해지기도 하죠.

ENFP

ENFP는 친구가 힘들 때 자신을 찾아줬다는 것에 감동을 받아요. 그리고 이야기를 들으며 열심히 공감해 주죠. 가끔은 당사자보다 더 화를 내거나 더 슬퍼하는 모습도 볼 수 있어요.

ENTJ

ENTJ는 친구의 고민을 들으면서 그냥 공감하기보다는 해결 방안을 함께 찾으려고 노력하는 편이에요. 가장 합리적인 해결책을 고민하는 ENTJ인 만큼, ENTJ 친구가 제안해 준 해결 방안이라면 믿고 따라도 되겠죠?

ENTP

ENTP에게 고민 상담은 같이 해결책을 찾는 시간으로 해석되는 경우가 많아요. ENTP는 감정적인 공감을 해주는 것보다는 문제를 해결하는 것 자체에 더 중점을 두기 때문에, 마냥 공감과 이해만을 바란다면 ENTP 친구가 조금 힘들어할 수도 있답니다.

ESFJ

친구가 힘들다고 하면 참지 못하고 달려가는 ESFJ! ESFJ는 친구의 고민에 엄청 몰입해서 이야기를 들어주는 편이랍니다. 특유의 포근한 분위기 때문에 ESFJ 앞에 있으면 어떤 이야기든 술술 말하게 돼요. 이런 ESFJ 친구가 주변에 있다면, 당신은 엄청난 행운아예요!

ESFP

ESFP는 '힘들었겠다', '그런 일이 있었구나' 하며 이야기를 잘 들어준답니다. 친구를 화나게 했던 사람이 있으면 같이 욕해주기도 하고요. 그리고 친구가 얼른 훌훌 털어버릴 수 있도록 재밌는 이야기를 하면서 친구를 웃게 해주기도 하죠!

ESTJ

ESTJ는 감정적인 공감보다는 소중한 친구의 고민을 구체적으로 해결할 수 있는 방안을 떠올리려고 노력해요. ESTJ에게는 해결책 제시가 애정 표현이랍니다. 어려운 상황을 극복하기 위해 필요한 물건이 있으면 그걸 직접 사주기도 하는 아주 든든한 해결사 친구예요.

ESTP

ESTP가 겉으로 무덤덤해 보인다고 해서 이야기를 제대로 안 들어주고 있다고 오해하지 않기로 해요! ESTP도 ESTP 나름의 방식으로 친구의 힘든 일을 함께 해결하고, 도움이 되려고 노력하거든요.

INFJ

자신의 일인 것처럼 잘 들어주는 INFJ들은 고민을 상담하기에 좋은 친구들이죠. 가끔은 내 이야기 때문에 INFJ 친구가 너무 힘들어하는 것 같아서 괜히 미안해지기까지 한다니까요? 따스하고 다정한 말의 포근한 온기를 느끼고 싶다면, INFJ 친구들에게 고민을 털어놓아 볼까요?

INFP

INFP는 해결책을 제시하기보다 공감만 해주는 편이에요. 어차피 친구 마음 속에 이미 어느 정도의 해결책이 정해져 있을 것 같기도 하고, 자신이 전체 맥락을 모르는데 함부로 해결책을 제시해 주는 건 좀 이상한 것 같기도 하거든요.

INTJ

현명한 INTJ는 친구가 그 상황을 어떻게 헤쳐 나가면 좋을지에 대해 진심 어린 조언도 해주는 편이지만, 한편으로는 어차피 친구가 자신의 해결책을 곧이곧대로 따르지는 않을 거라는 것도 알고 있어서 말을 줄이고 대신 조용히 들어주기도 해요.

INTP

INTP는 고민을 잘 들어주는 편이에요. 구체적으로 어떤 일의 어떤 요소가 친구를 힘들게 하는지, 그 과정부터 결과까지 알고 싶어 하기 때문에 깊이 있게 들어준답니다.

ISFJ

누가 힘들어하는 건 두고 보지 못하는 ISFJ. 친구의 이야기를 잘 들어주고, 좋은 해결책도 제공하기 위해 노력하는 편이에요. 책임감이 강하기도 해서, 오래전에 들은 이야기도 잊지 않고 '그때 그 일은 잘 해결됐어?' 하고 한참 후에도 신경 써준답니다.

ISFP

구체적인 해결책을 제시하기보다는 마음이 닿는 한 최선을 다해서 친구의 이야기를 들어준답니다. 가끔은 구체적인 해결책보다는 친구에게 털어놓는 것만으로도 마음이 훨씬 가벼워지는 일들이 있잖아요. 그럴 때면 주저하지 않고 ISFP 친구를 찾아가 보는 건 어때요?

ISTJ

냉철하고 이성적인 ISTJ는 친구의 이야기를 묵묵히 잘 들어줘요. 감정적으로 깊이 몰입하지는 않지만 그렇기 때문에 친구의 고민을 객관적으로 들어요. 그래서 오히려 부담 없이 고민을 털어놓을 수 있답니다.

ISTP

ISTP는 자기만의 생각과 의견이 확실한 유형이에요. 그래서 무조건 고민 상담을 하는 친구의 입장에서 들어주기보다는, 한 발짝 떨어진 거리에서 ISTP만의 새로운 조언과 이야기를 들려줄 거랍니다. 가끔 평소와는 다른 색다른 해결책이 필요할 때, ISTP 친구에게 고민을 얘기해 보는 걸 추천해요.

4. 친구의 부탁

만약 친구가 어려운 부탁을 해온다면, 각각의 유형은 어떻게 반응할까요? 거절을 잘하는 유형과 그렇지 않은 유형이 따로 있을까요?

ENFJ

ENFJ에게 거절은 쉽지 않은 일인 것 같아요. 친구가 자신에게 이 부탁을 하기까지 고민했을 과정을 생각하면 마음이 약해져서, 쉽사리 거절을 하지 못한답니다.

ENFP

ENFP는 거절을 어려워하는 편이에요. 예를 들어 원래 다른 일정이 있었는데 갑자기 친구들이 모임에 꼭 와달라고 하면, 원래 있던 일정을 억지로 바꿔서라도 참석하는 편이죠.

ENTJ

ENTJ는 자신이 정말 원하지 않는 일이라고 판단되면 거절하곤 해요. 마찬가지로 자신 역시도 어려운 부탁은 친구들에게 하지 않고요.

ENTP

ENTP는 거절하고 싶은 부탁이라면 단호히 거절하는 편이에요. 친구 관계를 생각해서 억지로 부탁을 수락했다가, 나중에 친구를 원망하게 되는 상황이 더 싫기 때문이죠.

ESFJ

ESFJ는 거절을 정말 못하는 편이에요. 이런 상황에서는 자기 자신의 기분보다 친구의 기분을 먼저 생각하게 되거든요. 그렇게 되면 거절의 표현은 입에서 쉽게 떨어지지 않죠.

ESFP

들어줄 수 없을 것 같으면 거절하지만, '이 정도면 그래도 가능은 하겠다' 싶을 때는 최대한 친구의 부탁을 들어주려고 하는 편이에요. 대신 능구렁이 같은 ESFP인 만큼 장난스레 생색을 조금 내기도 한답니다.

ESTJ

ESTJ가 항상 냉정하고 차가운 사람이라고 생각했다면 그건 여러분의 착각이에요! 의외로 미안한 마음에 친구들의 부탁을 쉽게 거절하지 못할 때가 많답니다. 그건 아마 애초에 ESTJ가 '친구'로 받아들여 준 사람이라면 ESTJ에게 아주 소중한 사람이기 때문일 거예요.

ESTP

ESTP는 상황을 고려해 보고 부탁을 들어주는 게 힘들겠다 싶으면 잘 거절하는 유형이에요. 가끔은 너무 매몰차게 거절을 해서 친구 입장에서 상처를 받을 수도 있지만, 친구가 싫어서가 아니라 그냥 ESTP가 말하는 방식이 그런 것뿐이랍니다!

INFJ

거절, 그리고 거절한 후에 형성되는 어색한 분위기를 힘들어하는 INFJ는 주로 돌려 말하는 방식으로 거절을 하곤 합니다. 여러분이 INFJ라면 조금 더 확실한 의사 표현을 하도록, 그리고 여러분에게 INFJ 친구가 있다면 친구의 진짜 속마음이 어떤지 다시 확인하려고 노력하기를 추천할게요.

INFP

INFP는 일단 대책 없이 부탁을 들어줬다가 나중에 수습하느라 고생할 때가 있어요. 그래서 가끔은 거절을 하기도 하는데, 그 과정에서 괜히 마음이 불편해지곤 한답니다.

INTJ

거절을 못하는 성격은 아닌 INTJ. 그래서 친하지 않은 사람의 부탁은 확실히 거절을 할 때도 있지만, INTJ가 생각하기에 자신의 '영역' 안에 들어와 있는 친구의 부탁이라면 흔쾌히 들어준답니다. INTJ는 자신의 영역을 아주 중요하게 생각하거든요.

INTP

INTP는 자기 주관이 뚜렷한 유형이에요. 그렇기 때문에 본인의 기준에서 옳지 못한 일이나, 원하지 않는 부탁은 단호하게 거절할 수 있는 성격이랍니다.

ISFJ

ISFJ는 친구가 무언가를 부탁하면 주저하지 않고 바로 뛰어나가는 편이에요. 종종 자신의 일은 일단 내팽개치고 친구의 부탁을 우선하는 경우도 있는데, 이럴 때면 정작 본인의 일상에는 큰 지장이 생기기도 하죠. 우선순위를 정하는 게 중요해요!

ISFP

ISFP는 무리한 부탁을 거절하는 데 크게 어려움을 느끼는 유형은 아니에요. ISFP는 매사에 바쁘게 지내는 편이라기보다는 느긋하고 여유로운 생활을 즐기죠. 그리고 이런 생활 패턴을 소중히 여기는 편이기 때문에, 쏟아지는 친구들의 부탁을 다 들어주긴 어려울 거예요.

ISTJ

돌려서 말하지 않는 편인 ISTJ는 친구들의 부탁을 거절할 때에도 솔직하고 꾸밈없이 이야기한답니다. 주로 자신이 거절해야 하는 이유를 친구에게 설명해 주곤 해요.

ISTP

ISTP는 할 수 있는 일이라면 도와주지만, 그렇지 않은 일이라면 어려워하지 않고 거절할 줄 알아요. 자신의 능력을 넘어가는 일이라면 바로 거절할 줄 아는 솔직하고 담백한 모습이 특징이랍니다.

5. 친구의 생일

소중한 친구가 생일을 맞이했어요! 서로 다른 방식으로 생일을 축하해 주는 모습을 한번 살펴볼까요?

ENFJ

ENFJ는 친구에게 갖고 싶은 게 있냐고 직접 물어보고 친구가 이야기한 걸 선물하는 경우가 많아요. 또 앞장서서 생일에 만날 약속도 잡는 편이죠. 생일이 다가오면 약속이 많아지는 걸 알고 있으니까, 혹시나 다른 약속에 밀려 친구를 못 만나는 일이 없도록 미리미리 일정을 잡는답니다.

ENFP

친구들의 사랑을 무럭무럭 먹고 자라는 ENFP인 만큼, 두고두고 볼 때마다 자신을 떠올릴 수 있는 선물을 선호한답니다. 그래서 의미 있는 선물을 찾느라 시간이 좀 걸리는 편이에요. 서프라이즈 파티를 준비할 확률도 아주 높답니다!

ENTJ

ENTJ가 생각하기에 가깝다고 느끼는 친구가 아니면 잘 챙기지 않는 편이에요. ENTJ는 그냥 알고 지내는 '지인'과 자신의 소중한 '친구' 사이의 구분이 비교적 뚜렷한 유형에 속한답니다.

ENTP

대체로 친구가 많고 인간관계의 폭이 넓은 ENTP. '내 사람' 챙기기엔 누구보다 확실하기 때문에 친구들의 생일에도 잊지 않고 선물을 주는 편이에요.

ESFJ

ESFJ는 특히 직접 만나서 얼굴을 보고 선물을 주는 걸 선호하는 편입니다. 정이 많은 ESFJ인 만큼 친구와 얼굴을 맞대고 진심을 담아 생일을 축하해 주는 걸 좋아하거든요.

ESFP

친구 생일에 괜히 자기가 더 신이 나기도 하는 ESFP! 만약 만나서 선물을 주게 된다면 편지, 혹은 작은 쪽지라도 꼭 써서 주려고 하는 편이에요. 평소에는 마냥 재밌게 노는 모습만 보여주던 ESFP일지 몰라도, 편지 안에 친구를 향한 진심이 담겨 있을걸요?

ESTJ

친구가 꼭 필요로 하는 선물을 주고 싶어 하는 ESTJ이지만, 갖고 싶은 걸 따로 물어보지 않더라도 이미 딱 맞는 정답이 ESTJ의 머릿속에 들어 있는 경우가 많아요. 관찰력이 뛰어난 ESTJ라면 아마 오래전에 파악을 끝냈을걸요?

ESTP

주로 생일인 친구에게 갖고 싶은 걸 직접 물어볼 때가 많답니다. 현실적인 ESTP라면 친구가 평소에 필요로 하던 걸 선물로 주고 싶어 하기 마련이거든요!

INFJ

섬세한 INFJ답게 평소에 친구가 무엇을 좋아하는지 정확히 꿰고 있을 때가 많아요! 소중한 친구를 생각하며 정성껏 고르기 때문에 INFJ의 선물이 친구의 마음에 쏙 들 거예요!

INFP

친구의 평소 취향을 토대로, 선물로 주면 좋아할 만한 걸 본인이 골라서 주는 편이에요. 친구가 무얼 좋아하고 또 무얼 싫어하는지 누구보다 섬세히 기억하고 있는 INFP의 선물 방식이랍니다!

INTJ

INTJ는 친한 친구들의 생일만 챙기는 편이에요. 정말 친하다고 생각하면 선물과 손편지를 함께 준비하죠. 선물을 받고 감동하며 기뻐하는 친구의 반응을 보는 것도 아주 좋아해요.

INTP

INTP는 친구가 갖고 싶어 하던 걸 물어보기보다는 평소에 이야기했던 걸 토대로 선물을 준비해요. 혹은 그냥 본인이 주고 싶은 걸 줄 때도 있죠! 서프라이즈 선물이라니, 기대되지 않나요?

ISFJ

ISFJ는 친구의 생일이 다가오기 한참 전부터 미리 준비해 두는 경우가 많아요. 실용성이 없는 선물은 선호하지 않기 때문에 친구가 필요로 하는 것, 혹은 받으면 좋아할 만한 것 위주로 열심히 찾아보고 파악해 둔답니다.

ISFP

눈치가 빠른 ISFP는 친구의 마음에 들 만한 선물을 척척 잘 준비하는 편이에요. 따스하고 온화한 진심이 담긴 선물에 마음이 녹지 않을 친구는 없을 거랍니다.

ISTJ

아주 가까운 친구들의 생일만 챙기는 편인 ISTJ는 주로 친구들에게 미리 갖고 싶은 걸 물어봅니다. 유용성을 중요하게 생각하는 유형이기 때문에 친구에게 쓸모없는 선물을 주는 건 정말 싫어해요. 친구에게 딱 맞는 선물을 해줬다는 생각이 들면 무척 뿌듯해한답니다.

ISTP

서프라이즈 이벤트와는 조금 거리가 먼 ISTP는 주로 친구에게 갖고 싶은 걸 물어보는 경우가 많아요. 아니면 평소에 친구가 갖고 싶어 하던 걸 기억해 뒀다가 선물하기도 하죠. 어느 쪽이든 꼭 친구가 실제로 잘 사용할 만한 걸 주려고 하는 편이에요.

1. 이상형

유형별로 다른 이상형이 궁금하지 않나요?

ENFJ

서로 코드가 잘 맞고 이야기가 잘 통해서, 원활하게 소통할 수 있는 사람을 원해요. 이야기를 잘 들어주고, 또 본인의 이야기도 잘 털어놓는 사람이기를 바란답니다.

ENFP

적극적으로 애정 표현을 해주는 사람에게 호감이 가요. '나 지금 사랑받고 있구나' 하고 깨닫는 순간은 ENFP에게 말로 표현할 수 없는 기쁨을 가져다준답니다.

ENTJ

배울 점이 있는 사람을 좋아해요. 그래서 옳고 그름에 대한 자신만의 확실한 기준이 있고, 그 기준을 지키기 위해 열심히 노력하는 사람에게 끌린답니다.

ENTP

함께 있으면 재밌는 사람을 좋아해요. 여기서 '재밌는 사람'은 단순히 '웃긴 사람'이 아니고 여러 주제로 즐겁고 다채로운 대화를 나눌 수 있는 사람을 뜻한답니다.

ESFJ

따스한 분위기를 풍기는 사람을 좋아해요. 착하고, 예의가 바르고, 다정한 사람들이죠. 또 서로 공유하는 가치관이나 관심사가 많으면 그것도 좋겠죠?

ESFP

꼭 집어 말하긴 어렵지만 아무래도 ESFP와 '느낌'이 잘 맞는 사람에게 끌려요. ESFP 특유의 자유분방하고 통통 튀는 매력을 부담스러워하지 않고 자연스레 받아주는 사람을 만나고 싶어 해요.

ESTJ

배울 점이 있는 사람에게 끌려요. 특히 ESTJ가 잘 모르는 분야에서 자신의 능력을 멋지게 펼치는 사람이라면 호감도가 수직 상승하죠. 서로에게 긍정적인 영향력을 불어넣을 수 있는 연애를 원하거든요.

ESTP

즉흥적인 성향이 있는 ESTP는 자신과 함께 충동적인 모험을 기꺼이 즐겨줄 사람을 원해요. 갑작스러운 제안도 흔쾌히 수락하고 함께 뛰어드는 모습에 큰 호감을 느껴요.

INFJ

이야기를 잘 들어주고 함께하면 편안한 사람을 좋아해요. INFJ의 고민이나 걱정거리를 끌어안아 줄 수 있는, 마음이 넓고 따스한 사람에게 끌려요.

INFP

깊이 있는 대화를 나눌 수 있는 사람에게 매력을 느껴요. 또, 잘 알지 못하는 상태에서 사람을 함부로 판단하려고 하지 않고, 다양한 가능성을 편견 없이 받아들이는 모습에도 감동을 받는답니다.

INTJ

한결같고 차분한 사람을 좋아해요. 그리고 INTJ만의 영역을 존중해 주는 것도 매우 중요하답니다. 왜냐하면 INTJ 역시 상대에게 그렇게 해주기 때문이죠!

INTP

뚜렷한 가치관과 취향을 가진 INTP인 만큼, 관심사가 잘 통하는 사람에게 끌려요. 또한 사고방식이 아주 똑부러져서 INTP가 존경할 수 있는 사람이라면 호감도가 급상승한답니다!

ISFJ

성실하고 현명해서 ISFJ가 배울 점이 있는 사람이 이상형이에요. 또한 사람을 잘 챙기는 ISFJ인 만큼, 자신을 꼼꼼하고 다정하게 챙겨준다면 크게 감동받는답니다.

ISFP

단단하게 중심을 잡아줄 수 있는, 어른스러운 사람을 좋아해요. ISFP가 무기력하다고 느끼거나 힘든 일이 있을 때 믿고 의지할 수 있는 상대를 원한답니다.

ISTJ

본인의 일을 책임감 있게 잘해내는 사람에게 호감이 생겨요. ISTJ는 자신이 신뢰할 수 있는 사람에게 매력을 느끼기 때문이죠. 일을 할 때는 언뜻 차가워 보일 정도로 집중해서 잘하지만, ISTJ 앞에서는 조금 다정한 모습을 보여준다면 매력이 더욱 올라갈 거예요.

ISTP

우선 ISTP의 영역을 너무 파고들려고 하지 않고 존중해 주는 사람이어야 해요. 그리고 나보다 나은 면이 있어서, 닮고 싶다는 느낌이 들게 하는 사람이어야 하고요!

2. 실망하게 되는 포인트

그럼 상대에게 실망하게 되는 부분은 또 서로 얼마나 다를까요?

ENFJ

배려의 아이콘이라고 할 수 있는 ENFJ! 그런 ENFJ가 배려심이 없는 사람을 만날 리는 없겠죠? 상대를 배려하지 않고 이기적인 태도를 보이는 사람이라면 크게 실망하게 돼요.

ENFP

ENFP가 힘들거나 서운한 일이 있을 때 알아주지 않고 눈치 없이 행동한다면, ENFP는 정말 무섭게 화를 낼지도 몰라요.

ENTJ

본인의 삶에 있어서 뚜렷한 목표가 없고 그냥 시간을 흘려보내는 듯한 사람에게는 매력을 느끼지 못해요. 예를 들어 어떤 문제가 있을 때 거기에 대해서 불평은 하지만, 주도적으로 해결하려고 노력하는 모습은 보여주지 않는다면 실망한답니다.

ENTP

ENTP 앞에서 진지한 고민 없이, 짧게 생각하고 행동을 한다면 크게 실망할 거예요. 그리고 구체적이고 명확한 뒷받침 없이 자신의 생각을 무조건적으로 주장하는 모습도 싫어한답니다.

ESFJ

배려하지 않고 이기적으로 행동하는 사람을 싫어해요. 자신의 상황만 생각하고, 자신이 원하는 대로만 하는 모습에서 실망하죠.

ESFP

선을 잘 긋는 사람에게서는 매력을 느끼기 어려운 유형이에요. ESFP가 그렇듯 상대도 마음을 활짝 열고 다가와 주길 원하기 때문에, 어딘가 비밀이 많아 보이고 자신의 이야기를 잘 하지 않는 사람에게는 실망한답니다.

ESTJ

계속 빙빙 돌려 말하며 본인이 원하는 바를 확실히 전달하지 않고, 기분이 나쁘다는 티만 내는 사람이라면 ESTJ와 맞지 않을 거예요.

ESTP

자신이 원하는 틀에 ESTP를 맞추려고 이런저런 잔소리를 하는 사람이라면 ESTP와 좋은 관계를 이어가기 아주 힘들 거예요.

INFJ

INFJ의 감정과 생각을 존중해 주지 않는 사람에게 실망해요. 배려 없이 자신의 의견만 주장하고, INFJ를 매섭게 다그치는 사람에게는 호감을 느끼지 못해요.

INFP

INFP의 취향을 무시하는, 혹은 중요하게 생각해 주지 않는 모습에서 실망감을 느껴요. 그런 사람과는 진솔한 대화가 불가능할 테니까요.

INTJ

INTJ는 삶에 있어서 연애가 아주 큰 비중을 차지하는 유형은 아니에요. INTJ에게는 자기 자신, 자신의 직업, 가족, 친구 등 다른 분야가 더 중요할 때가 많거든요. 그런데 이 우선순위를 이해해 주지 않고 자신에게만 관심을 쏟길 바란다면 INTJ는 지칠 수밖에 없어요.

INTP

INTP는 너무 외향적인 사람과는 대체로 맞지 않아요. 예를 들어 어느 정도 호감이 가는 상대라고 하더라도, 그쪽에서 부담스럽게 다가온다면 오히려 호감이 줄어들지도 몰라요!

ISFJ

이기적이고 모난 성격이 엿보일 때 실망해요. 자기 자신만 생각하고, ISFJ를 챙겨주지 않는다면 그 관계가 지속되기는 어렵겠죠?

ISFP

ISFP는 자신의 영역을 침범당하는 걸 싫어하는 유형이에요. 그래서 부담스럽게 자신의 영역 속으로 들어오려고 하는 사람이라면 매력을 느끼지 못한답니다.

ISTJ

ISTJ와 반대되는 면이 보일 때 실망하게 되는 편이에요. 예를 들어 해야 할 일을 열심히 하지 않고 딴짓만 하면서 시간을 보낸다거나, 계획 없이 지나치게 충동적으로 생활한다거나 하는 모습을 보게 되면 매력이 떨어지죠.

ISTP

너무 집착하거나 철없는 모습을 보이는 등 ISTP를 곤란하게 하는 행동은 금물이에요! ISTP는 독립적인 사람을 좋아한답니다.

3. 다툼과 화해

각각의 유형이 왜 이성 친구와 싸우게 되는지, 그리고 싸우고 나서는 어떤 모습을 보이는지 확인해 보아요.

ENFJ

누구보다 서로를 아껴줘야 하는 사이임에도 불구하고 나를 막 대한다는 느낌이 들면 서운하고 속상해져요. 그래서 종종 싸움으로 번질 때도 있는데, ENFJ는 이성 친구와 싸운 후에 주로 본인이 먼저 다가가서 화해를 건네는 편이랍니다. 어색한 분위기가 오래가는 걸 참고 볼 수가 없어서죠.

ENFP

ENFP에게 힘든 일이 있을 때 위로해주지 않고 내버려둔다면 싸움이 시작될지도 몰라요. ENFP는 싸움이 있고 나서 귀엽게 가벼운 장난을 걸며 분위기를 풀려고 할 때가 있는데, 이때 못 이기는 척 넘어가 준다면 금세 사이가 회복될 거예요.

ENTJ

본인에게도, 남에게도 엄격한 ENTJ는 가끔씩 이성 친구에게도 똑같은 잣대를 적용하며 압박하거나 가르치려고 할 때가 있어요. 이 때문에 싸움이 일어나기도 하죠. 그래도 싸우고 나서 둘 사이에 어색한 기류가 감돌 때, ENTJ는 먼저 용기 내서 화해를 시도하는 편이랍니다.

ENTP

솔직한 성격의 ENTP는 이성 친구에게 마음이 들지 않는 부분이 있으면 마음속에 담아두지 않고 바로바로 이야기하는 편이에요. 이 과정에서 상대가 어떻게 반응하느냐에 따라 싸움이 일어날 수도 있어요. 하지만 뒤끝이 없는 성격이기도 해서 한번 이야기한 문제를 다시 끄집어내는 일은 잘 없답니다.

ESFJ

배려심이 많은 ESFJ가 먼저 싸움을 일으키는 경우는 거의 없을 거예요. ESFJ는 마음에 안 드는 일이 있어도 일단은 쌓아 두는 편이죠. 어느 정도 감정과 생각을 정리하고 나서 이야기하는 걸 좋아한답니다.

ESFP

ESFP는 자신의 감정을 잘 숨기지 못하는 편이죠. 그래서 뭔가 마음에 들지 않는 게 있을 때, 본인은 표현을 안 했다고 생각하더라도 이미 표정이나 말투에서 티가 날 확률이 높아요. 이때 관심을 가지고 먼저 질문해 주는 게 ESFP의 이성 친구가 해야 할 일 아닐까요?

ESTJ

상대가 명확하게 의사 전달을 하지 않고 적당히 ESTJ의 의견에 맞추며 눈치만 보는 것처럼 보인다면 싸움이 시작될 수도 있어요. 이런 갈등 상황에서 ESTJ는 자신의 불만을 확실히 말할 뿐만 아니라 화해의 손길도 먼저 내미는 편이랍니다.

ESTP

바로바로 이야기하고 털어버리는 쪽을 선호하는 ESTP이기 때문에, 이성 친구가 자신과는 반대로 불만 사항을 마음속에 쌓아두기만 한다면 싸움이 시작될 확률이 높아요. 그리고 ESTP는 싸운 후에 웬만하면 먼저 다가가서 분위기를 푸는 편이기도 하답니다.

INFJ

생각이 많은 INFJ는 별일 아닌 사소한 일도 괜히 혼자 곱씹다가 상처를 받는 경우가 많아요. 하지만 서운한 점을 대놓고 이야기하는 편은 아니기 때문에, 상대가 눈치채 주지 않으면 아예 싸움 자체가 시작되지 못하기도 하죠.

INFP

상대가 나를 소중히 생각해 주지 않는다고 느끼면 INFP는 크게 서운함을 느낀답니다. 하지만 서로 말다툼을 하게 되는 상황을 부담스러워하고 잘 견디지 못해서, 싸움을 먼저 시작하는 유형은 아니에요. 가끔은 용기 내서 먼저 이야기를 시작해 보는 것도 좋을 것 같아요!

INTJ

INTJ 특유의 독립적인 성향은 상대를 서운하게 만들 때가 있어요. 반대로 상대가 자신을 지나치게 간섭하는 경우에 INTJ가 화를 내기도 하고요. INTJ는 자신의 생각을 조목조목 정리해 상대에게 전달하는 편이랍니다.

INTP

INTP는 싸움을 자주 일으키는 편은 아니에요. 하지만 워낙 자신의 생각이 강하다 보니, 상대가 어떤 요구나 부탁을 하더라도 본인이 이해가 되지 않는다면 그대로 따르지 않는 경우가 있죠. 이것 때문에 부딪히는 일이 이따금 있답니다.

ISFJ

평화의 상징이라고도 할 수 있는 ISFJ는 이성 친구와 싸우게 되더라도 주로 본인이 먼저 말을 걸고 풀려고 노력해요. 싸운 후의 분위기를 유독 못 견디는 유형이거든요. 그리고 이성 친구에게 마음에 안 드는 면이 있을 때도 웬만하면 여러 번 참다가 나중에 이야기한답니다.

ISFP

따스하고 온화한 성격의 소유자인 ISFP는 상대가 자신만큼 다정하지 않다고 느낄 때 속상해해요. 예를 들어 상대가 ISFP를 대하는 행동이나 말투 같은 사소한 것에도 크게 신경 쓰는 편이죠.

ISTJ

ISTJ는 불만 사항을 쉽게 이야기하는 성격은 아니에요. 인내심이 강해서 참고 참다가 터뜨리는 편이에요. 약속을 어기거나 무책임한 말을 하는 것을 싫어해요. 그래도 싸우고 나서는 먼저 화해의 손길을 내밀어 준답니다.

ISTP

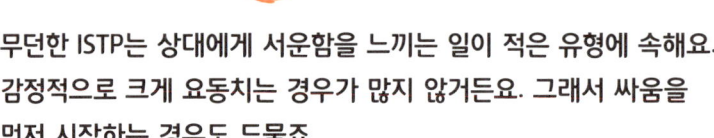

무던한 ISTP는 상대에게 서운함을 느끼는 일이 적은 유형에 속해요. 감정적으로 크게 요동치는 경우가 많지 않거든요. 그래서 싸움을 먼저 시작하는 경우도 드물죠.

4. 이성 친구로서의 장점

각 유형은 이성 친구로서는 어떤 장점을 가지고 있을까요?

ENFJ

힘들 때 누구보다 다정하게 이야기를 들어주고 따스하게 위로해 주는 ENFJ가 이성 친구라면 얼마나 행복할까요? 고민 같은 건 금방 잊어버릴 수 있을 거예요!

ENFP

언제나 흥미롭고 재밌는 이야깃거리가 많은 ENFP와 함께라면 조금도 지루할 틈이 없을걸요? 가만히 앉아 ENFP의 입에서 술술 흘러나오는 이야기를 듣기만 해도 웃음꽃이 끊이지 않을 거예요.

ENTJ

나의 이성 친구를 단순히 좋아하는 것을 넘어서 존경할 수 있다는 건 정말 멋진 일인 것 같아요. 그런 면에서 누구보다 배울 점이 많은 ENTJ는 최고의 이성 친구랍니다.

ENTP

누구보다 솔직한 ENTP는 좋아하는 상대가 있으면 주저하지 않고 직진하고, 애정 표현도 적극적으로 하는 유형이에요. ENTP와 함께한다면 불안해서 마음 졸일 일은 전혀 없을 거랍니다! ENTP는 상대를 불안하게 하는 법이 없거든요.

ESFJ

까다롭지 않고 활발한 성격을 지닌 ESFJ는 함께 있으면 늘 편안하고 즐거운 느낌을 준답니다. 앞장서서 주위 사람을 챙기는 걸 좋아하는 ESFJ인만큼 사랑하는 이성 친구에게는 훨씬 다정하겠죠?

ESFP

새로운 시도를 두려워하지 않고 독특한 개성을 보여주는 ESFP와 있으면 언제 어디서든 흥미진진하고 유쾌한 일이 벌어진답니다. 마치 영화 속 주인공과 함께하는 기분이랄까요?

ESTJ

대부분의 상황에서 먼저 이끌어 주고 챙겨주는 ESTJ이기 때문에 곁에 있으면 항상 듬직하다는 느낌을 받게 돼요. 좋은 것도 싫은 것도 모두 솔직히 표현하는 편이기 때문에 상대를 헷갈리게 하는 일도 전혀 없어요.

ESTP

시원시원하고 거침없는 성격의 ESTP는 유머 감각이 가장 뛰어난 유형 중 하나랍니다. 그래서 함께 있으면 웃음이 끊기질 않죠. 또 좋아하는 분야에 한해서는 누구보다 열정적이고 적극적이기 때문에, ESTP를 이성 친구로 뒀다면 든든하기도 할 거예요!

INFJ

INFJ가 이성 친구라면 내 감정을 누구보다 섬세히 어루만져 주고 신경 써줄 거예요. 정말 사소한 것도 잊지 않고 기억해 주는 모습에 크게 감동받는 일이 한두 번이 아닐걸요?

INFP

거짓말을 잘하지 못하고 순수한 INFP는 상대를 향한 마음을 그대로 보여 주는 편이에요. 그래서 사랑받는다는 기분을 언제나 생생히 느끼게 해주죠. INFP 이성 친구와 깊이 있는 대화를 나누다 보면 여러분의 머릿속에 새로운 아이디어가 떠오르기도 할 거예요.

INTJ

쉬지 않고 노력하며 자기 계발을 하는 INTJ는 이성 친구에게 긍정적인 영향을 주는 유형이에요. INTJ와 함께하며 자연스레 INTJ의 생활과 사고방식을 들여다 보는 사이, 여러분도 모르게 좋은 영향을 받고 함께 성장해 있을 거예요!

INTP

INTP는 관심 있는 분야에서 누구보다도 뛰어난 대화 상대가 된답니다. 함께 이야기를 하며 평소에는 생각지도 못했던 새로운 통찰을 얻고, 시야가 넓어지는 느낌을 경험할 수 있을 거예요.

ISFJ

이성 친구를 위해 발 벗고 나서서 하나부터 열까지 도와줄 준비가 되어 있는 ISFJ! 특유의 현실 감각과 자상한 성격이 돋보이는 ISFJ는 이성 친구에게 척척 맞춰주곤 한답니다.

ISFP

매일 정신없이 바쁘게 살아가는 사람이라면 ISFP 옆에서 함께 시간을 보내는 것만으로도 에너지가 충전되는 걸 느낄 수 있을 거예요. 현재에 충실하며 즐거움을 만끽하는 ISFP는 여유롭고 온화한 기운으로 여러분의 긴장을 녹여준답니다.

ISTJ

세상에 믿을 사람이 아무도 없다고 하더라도 ISTJ만큼은 무조건 믿을 수 있을걸요? 침착하고 정직한 모습으로 상대에게 깊은 신뢰를 주는 ISTJ는 믿고 기댈 수 있는 사람이죠.

ISTP

ISTP는 뭐든 직접 겪기 전에 함부로 판단하지 않아요. 또한, 매사에 크게 당황하지 않고 상황을 잘 받아들이고 적응해요. 상대를 바꾸려고 하지 않고 있는 그대로 받아들이려 하고요. 내 모습 그대로를 좋아해 주는 ISTP 옆에서 마음의 안정을 찾을 수 있겠죠?

1. 교실에서의 모습

16가지의 유형을 한 교실에 모아둔다면 어떤 모습이 펼쳐질까요?

ENFJ

항상 친구들과 우르르 몰려다니는 ENFJ! 하지만 공부를 해야 할 때는 바로 집중해서 열심히 하는 편이에요. 친구와 공부, 두 마리 토끼를 다 잡을 줄 아는 대단한 친구들이죠.

ENFP

반의 분위기 메이커 역할을 하는 ENFP는 학교에서 진행되는 여러 가지 단체 활동에 단 한 번도 빠지지 않고 참여하는 편이에요. 다만 집중력이 오래가지는 않는 편이라 방금까지 공부를 하고 있다가도 금세 딴짓을 하곤 하죠.

ENTJ

전교 회장으로 ENTJ보다 더 적절한 유형이 있을까요? 누구보다 솔선수범한 모습을 보이며 앞장서서 친구들을 이끄는 모습이 벌써 눈앞에 생생히 그려져요. 그러면서도 공부도 소홀히 하지 않아 높은 성적을 유지한답니다.

ENTP

아는 것도 많고 호기심도 넘쳐나는 ENTP는 항상 손을 들고 선생님께 질문하는 역할이에요. 진지한 질문일 때도 있지만 괜히 장난 섞인 질문을 던질 때도 많죠.

ESFJ

반의 모든 친구들과 친한 ESFJ! ESFJ는 주변에 관심이 많고 배려심이 깊어서 친구들에게 도움을 주는 것을 좋아해요. 조별 활동에서 혼자 남겨진 친구가 있다면 누구보다 빨리 ESFJ가 다가가서 챙겨줄 거예요.

ESFP

남들과 똑같은 교복에 만족할 수 없는 ESFP는 교복 위에 자신만의 아이템을 덧붙여 개성을 뽐내곤 한답니다. 아마 학교에서 ESFP 친구를 모르는 사람은 아무도 없을걸요?

ESTJ

ENTJ가 전교 회장이라면 ESTJ는 반장 같은 느낌이랄까요? 교실 안의 친구들을 살뜰히 챙기며, 반에서 벌어지는 많은 일들을 하나하나 확인하고 수습하는 책임감 강한 친구예요.

ESTP

다른 수업 시간엔 몰라도 체육 시간만 되면 눈이 반짝반짝거리며 살아나는 ESTP! 축구, 달리기 등 몸을 움직이는 활동을 할 때 가장 신이 나는 유형이에요. 대신 가만히 앉아 이론을 다루는 과목을 배울 때는 자꾸 딴짓을 할지도 모른답니다.

INFJ

쉬는 시간에 조용히 앉아서 책을 읽고 있다면 INFJ일 확률이 높아요. 그리고 그 책은 비문학이 아니라 아마 시나 소설일 거예요. 문학을 좋아하는 INFJ는 특히 국어 성적이 좋은 편이기도 하죠.

INFP

가만히 앉아 책 읽기를 좋아하는 INFJ 옆에서 같이 책을 읽거나 멍하니 창밖을 바라보는 친구가 있다면 INFP일 거예요. 교실 밖의 풍경을 바라보는 INFP의 머릿속에서는 아주 다양한 상상이 벌어지고 있답니다.

INTJ

INTJ는 쉬는 시간에도 문제집을 풀 정도로 공부를 열심히 하는 유형 중 하나예요. 특히나 수학이나 과학처럼 이과 계열의 과목에 강한 흥미를 느낀답니다. 물론 흥미가 딱히 없는 과목이라고 해도 놓치지 않고 열심히 공부해요!

INTP

가만히 앉아 좋아하는 노래를 듣고 있을 것만 같은 INTP는, 좋아하는 과목과 싫어하는 과목이 뚜렷히 나뉘어요. 그래서 그 과목들의 점수 편차가 심한 편이기도 하죠. 관심 없는 과목에는 소홀할 수 있지만, 좋아하는 과목은 누구보다 열정적이랍니다!

ISFJ

급식 당번이 잘 어울리는 ISFJ! 정량대로 나눠주는 게 원칙이지만, 만약 조용히 다가가서 남몰래 부탁한다면 맛있는 반찬을 조금 더 줄지도 몰라요.

ISFP

평소에는 조용한 ISFP. 너무 조용해서 '뭐지?' 하는 생각에 ISFP 친구를 찾아보면 꾸벅꾸벅 졸고 있을지도 몰라요! 하지만 미술이나 음악처럼 창의력을 요하는 시간에는 누구보다 활발하게 자신의 재능을 펼친답니다.

ISTJ

ISTJ도 공부를 아주 열심히 하는 유형 중 하나죠. 게다가 교칙도 하나하나 꼼꼼히 지켜서 선생님들의 예쁨을 한몸에 받곤 한답니다. 선생님이 하라고 한 일은 성실하게 해내요. 본인이 맡은 일은 끝까지 책임지는 멋진 모습을 보여준답니다.

ISTP

주로 교실 뒤쪽이나 구석에 앉아 있는 ISTP 친구들. 손재주가 좋아서 이런저런 것들을 뚝딱뚝딱 만들고 잘 고쳐요. 반에서 문제가 생기면 ISTP의 도움이 필요할 때가 종종 있어요. 먼저 나서는 편은 아니지만 누군가 찾아와 부탁한다면 흔쾌히 해결해 준답니다.

2. 동기 부여 방법

그럼 공부를 열심히 할 수 있게 동기를 부여하는 방법도 각각 다를 텐데, 어떻게 다른지 한번 볼까요?

ENFJ

대체로 하고 싶은 바가 뚜렷하게 있는 ENFJ. ENFJ는 그걸 이뤄내기 위해 노력해야 한다는 걸 잘 이해하고 있고, 알아서 열심히 하는 편입니다. 노력하는 본인의 모습에 크게 뿌듯해하며 그 자체로 동기가 부여되기도 하죠. 노력은 배신하지 않는다는 걸 알고 있거든요!

ENFP

ENFP는 본인이 진짜 좋아하는 게 생겨야 동기 부여가 되는 편이에요. 예를 들어 정말 좋아하는 아이돌이 있는데 부모님이 성적을 잘 받아야 콘서트에 보내준다고 약속을 하셨다거나, 좋아하는 친구에게 잘 보이고 싶다거나요.

ENTJ

스스로에게 엄격한 편인 ENTJ는 무엇보다도 자기 스스로가 부끄러워지는 걸 견디지 못한답니다. 자신이 공부한 부분만큼은 확실히 '안다'고 말할 수 있을 정도로 빠삭하게 알고 싶다는 마음을 갖고 열심히 공부하는 유형이에요.

ENTP

남에게 지고는 못 사는 ENTP. 경쟁심 강한 ENTP는 주변에 선의의 경쟁을 펼칠 수 있는 라이벌이 있는 환경에서 동기 부여가 잘 되는 편이에요.

ESFJ

ESFJ는 타인과 자신의 관계를 특히나 중요하게 여기기 때문에, 친구 관계에서 영향을 많이 받는 편이에요. 친구가 열심히 해서 좋은 성과를 이루는 모습을 보면 자신도 덩달아 동기 부여를 받는답니다.

ESFP

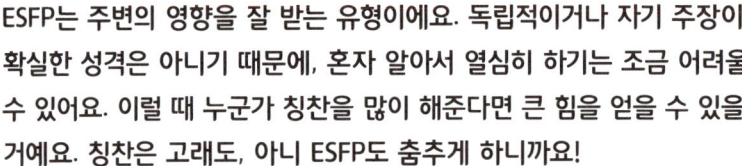

ESFP는 주변의 영향을 잘 받는 유형이에요. 독립적이거나 자기 주장이 확실한 성격은 아니기 때문에, 혼자 알아서 열심히 하기는 조금 어려울 수 있어요. 이럴 때 누군가 칭찬을 많이 해준다면 큰 힘을 얻을 수 있을 거예요. 칭찬은 고래도, 아니 ESFP도 춤추게 하니까요!

ESTJ

ESTJ는 본인의 생각과 신념이 확실하기 때문에 외부 요인에 의해 크게 흔들리지 않아요. 본인 스스로 부끄럽지 않고 당당할 수 있어야 하기 때문에 공부를 하는 편이죠. 나와 한 약속을 어기는 것만큼 부끄러운 건 없으니까요.

ESTP

ESTP에게는 아주 현실적이고 구체적인 보상이 있으면 좋아요. 예를 들어 여기까지 끝내고 나면 맛있는 걸 먹는다든가, 좋은 결과가 나오고 나면 친구들과 여행을 다녀온다든가, 이런 식으로 미래에 긍정적인 보상을 심어두는 게 좋답니다.

INFJ

가치관이 확실한 INFJ는 본인이 생각했을 때 정말 의미가 있는 일이어야 동기가 부여돼요. 예를 들어 부모님께 칭찬을 받고 싶다거나, 자신의 성장한 모습을 확인하고 싶다거나요. 그 '의미'는 각각 다를 수 있겠지만 어쨌든 스스로 뿌듯함을 느끼는 게 중요하답니다.

INFP

INFP는 본인이 정말 하고 싶은 일이라면 누구보다도 최선을 다해서 열심히 하지만, 관심 없는 분야는 유독 귀찮아해요. 그래서 부모님이나 선생님 등 다른 사람들의 강요 없이, 자신이 직접 그 과목에 관심을 가져보도록 노력하는 게 중요해요.

INTJ

매사에 큰 그림을 그리는 편인 INTJ. 그런 INTJ는 지금 당장 나에게 엄청 중요한 일이라고 생각되지 않더라도, 일단 해두면 나중에 도움이 될 거라고 생각해요. 많은 일들이 서로 연결되어 있다는 걸 잘 알고 있기 때문이죠. 그래서 '일단 잘해서 손해 볼 건 없다'는 식의 사고방식을 가지고 매사에 최선을 다한답니다.

INTP

본인이 크게 흥미를 느끼는 분야가 아니라면 최대한 미루곤 하는 INTP. 이런 INTP는 발등에 불이 떨어지고 나서 마음이 급해져야 동기 부여가 되는 편이에요.

ISFJ

ISFJ는 친구 관계에 영향을 많이 받아요. 자신을 견제하는 친구들이 자극제가 되기도 하죠. 그리고 매사에 실용적이고 현실적인 사고방식으로 세상을 바라보기 때문에, 나중에 쓸모가 있을 일이라고 생각되면 포기하지 않는 편이랍니다.

ISFP

ISFP도 칭찬에 영향을 많이 받는 유형 중 하나예요. 평소에 좋아하고 존경하던 선생님이나 어른이 칭찬을 해주면 갑자기 의욕이 상승해서 누구보다 열심히 노력하게 되죠.

ISTJ

시키는 일에 크게 의문을 갖지 않고 알아서 열심히 하는 편인 ISTJ에게는 굳이 또 다른 동기 부여가 필요하지 않아요. 한마디로 '그냥' 최선을 다하는, 언제나 성실한 학생이에요!

ISTP

ISTP는 해야 되는 일이라고 생각되면 군말 없이 하는 편이기 때문에, 동기 부여 방법이 크게 중요하지 않아요. 모든 일을 완벽할 정도로 척척 해내는 것까지는 아니라서 어쩌면 선생님이나 다른 친구들의 주목을 조금 덜 받을지는 몰라도, 크게 엇나가는 일이 없는 바람직한 학생이랍니다.

3. 최적의 공부법

MBTI 유형별로 적합한 공부법은 뭘까요?

ENFJ

ENFJ에게는 장소보다 스스로의 마음가짐이 더 중요하기 때문에, 오히려 적당히 시끄러운 곳에서 친구들과 함께 공부하는 게 더 좋아요. 그리고 ENFJ는 계획표를 짜서 그대로 이행하려고 노력하는 편이기도 한데, 만약 그대로 이행하지 못했다고 하더라도 이미 그 상황까지 대비해 뒀기 때문에 큰 지장이 생기지는 않아요. ENFJ에게는 언제나 차선책이 있답니다!

ENFP

ENFP는 외부 요인이 중요해서 혼자 독서실에서 공부하는 것보다는 사람이 많은 도서관에서 다른 사람들을 의식하며 공부하는 게 훨씬 효과가 좋답니다. 마찬가지로 자습을 하는 것보다는 학원이나 과외 수업을 듣는 게 좋아요. 옆에서 공부를 봐주고, 숙제를 내주고, 또 격려해 주는 사람이 있어야 하거든요.

ENTJ

계획의 왕이라고 할 수 있는 ENTJ. 물론 시험 기간에도 계획을 세워 공부하지만, 이미 평소부터 꾸준히 차곡차곡 복습해 온 것들이 있기 때문에 급하게 부랴부랴 계획을 세워 벼락치기를 하는 유형과는 거리가 굉장히 멀어요. 그리고 자기 주도적인 성향이 강하기 때문에 학원이나 과외의 필요성이 높지는 않답니다.

ENTP

주로 시간이 많이 남지 않은 상황에서 일을 시작하는 ENTP이기 때문에, 시험 기간에도 직전이 되어서야 부랴부랴 계획을 짤 때가 많아요. 그러다보면 결국 계획도 세밀하게 짤 수가 없고, 실행하는 과정도 매끄럽지 않을 확률이 높죠. 그러니 평소부터 꾸준히 공부량을 쌓는 연습을 하면 좋지 않을까요?

ESFJ

가만히 앉아서 혼자 공부하기보다는 친구들과 이야기하며 같이 복습하고 질의응답을 하는 게 효과적인 유형이에요. 주변에 늘 친구가 끊이지 않는 ESFJ인 만큼, 같이 공부할 친구가 부족할 일은 전혀 없을 것 같네요!

ESFP

어느 순간 흥미가 생기면 자연스레 집중력이 올라가는 유형이에요. 그런데 보통 이렇게 되기까지 그 과정이 꽤 어렵기 때문에, 흥미를 가질 수 있도록 이끌어주는 선생님이 있으면 좋아요. 그런 의미에서 학원이나 과외가 유독 효과가 좋은 유형 중 하나랍니다!

ESTJ

ESTJ에게는 자습을 더 추천해요. 혼자서도 잘하기 때문에 굳이 강제적인 수단이 필요하지 않거든요. 특히 계획을 촘촘하게 짜는 능력, 그리고 이를 꾸준히 실행해 나가는 능력이 아주 뛰어나죠. 이 부분에서 본인이 크게 성취감도 느끼기 때문에, 계속해서 알아서 잘할 가능성이 높은 유형이에요.

ESTP

P라고 해서 무조건 남의 도움을 받는 게 효과가 있는 건 아니랍니다. ESTP 같은 경우에는 본인의 주관이 세고 웬만해서는 잘 타협을 하지 않기 때문에, 오히려 선생님과 갈등이 생기면 더 심하게 엇나갈 수도 있어요. 그래서 ESTP 친구들에게는 본인이 주도적으로 공부하는 걸 추천해요!

INFJ

INFJ는 환경의 영향을 많이 받는 편이에요. 그리고 익숙해진 것에서 새롭게 변화를 시도하는 걸 즐기지 않기 때문에, 한번 집중이 잘됐던 공간이 있으면 계속 거기서 공부를 하는 걸 추천해요. INFJ도 계획을 아주 꼼꼼히 세우는 유형 중 하나인데, 혼자 꾸준히 실행하는 능력도 좋기 때문에 플래너를 잘 활용하면 좋은 결과를 얻을 수 있을 거예요.

INFP

INFP에게는 자습보다는 외부의 도움을 받는 걸 추천합니다. 학원보다는 일대일로 선생님의 관심을 받으면 더 좋고요! 누군가 도와주지 않으면 계속해서 일을 미루다가 결국 벼락치기로 마무리하는 경우가 많기 때문에, 이 습관을 고치기 위해서 큰맘 먹고 새로운 시도를 할 필요가 있어요.

INTJ

INTJ는 자기 주도적인 학습에 강한 편이에요. 외부의 유혹에 쉽게 흔들리지도 않고, 혼자서 계획도 잘 짜거든요. 다만 단순 암기식 공부보다는 처음부터 끝까지 하나하나 단계별로 이해하고 넘어가야 더 좋은 결과를 내는 유형이기 때문에, 무작정 외우는 방식은 추천하지 않아요!

INTP

INTP는 계획과는 거리가 조금 있는 편이에요. 계획 자체를 아예 안 세운다고 말할 수는 없지만, 애초에 자신이 잘 이행하지 않는다는 걸 알기 때문에 세우더라도 최소한의 계획만 세울 때가 많거든요. 그렇기 때문에 강제적인 수단의 도움을 받는 게 좋은 유형입니다!

ISFJ

다른 사람들에게 신경을 많이 쓰는 편인 ISFJ이기 때문에, 외부 요소를 가급적 차단하고 공부하는 걸 추천합니다. 신경 쓸 만한 요소가 없는 조용한 밤에, 혼자 집에서 공부하는 방법이 제일 좋을 것 같네요.
일단 계획을 한번 세우고 나면 크게 엇나가지 않고 잘 소화하는 편이니 미리미리 계획을 세우길 바라요!

ISFP

ISFP는 세세한 계획 대신 전반적인 틀 정도만 짜두고, 나머지는 그때그때 상황에 따라 수정하면서 진행하는 경우가 많아요. 그래서 계획을 좀 더 촘촘히 세워주고 옆에서 확인해 줄 사람이 있다면 좋을 것 같아요! 그리고 특유의 정이 많고 온화한 성격 때문에, 경쟁 구도가 만들어지면 오히려 스트레스를 받아 역효과가 날 수도 있답니다.

ISTJ

최대한 좋은 결과물을 내고 싶은 마음이 크기 때문에, 미리미리 계획해서 공부해 두는 편이에요. 즉 알아서 잘하기 때문에, 혼자 공부한다고 해서 문제가 생길 일은 아마 없을 거예요. 그러니 혼자서 편안히 공부할 수 있는 시간을 확보하기를 추천해요!

ISTP

ISTP는 계획을 잘 세우지 않는 편이에요. 그때그때 마감이 닥쳐서야 조금씩 시작하는 경우가 많답니다. 그런데 벼락치기에 한번 익숙해지기 시작하면 끈기 있는 공부법을 다시 익히기가 좀처럼 힘들어지기 때문에, 조금은 경각심을 갖고 미리미리 계획 세우는 연습을 해볼 필요가 있어요!

4. 조별 과제를 할 때

서로 협력해야 좋은 결과물을 만드는 조별 과제! 우리는 조별 과제에서 각자 어떤 역할을 맡는 편일까요?

ENFJ

ENFJ는 조장을 많이 맡는 편이에요. 처음 보는 학생들과 회의를 시작할 때 어색한 분위기를 못 이기고 ENFJ가 먼저 말을 걸고, 분위기를 주도하곤 하거든요. 그러다 보니 자연스레 중요한 역할을 맡게 되는 경우가 많답니다.

ENFP

ENFP는 발표 담당인 경우가 많아요. 특유의 에너지로 발표를 듣는 학생들에게 깊은 인상을 남기거든요. 그리고 꼼꼼한 편이라기보다는 임기응변에 강하기 때문에, 철저하고 세밀한 작업이 필요한 자료조사 대신 발표에 더 잘 어울려요.

ENTJ

당연한 이야기이지만, ENTJ는 조장을 자주 맡아요. 그런데 본인이 조장을 하고 싶어서 그렇게 되는 경우는 사실 많지 않답니다. 다른 사람들이 대충, 혹은 쓸데없는 것에 시간을 낭비하면서 허투루 일하는 걸 보고 있으면 답답해져서 결국 조장을 하게 되죠.

ENTP

ENTP만큼 말솜씨가 좋고 말을 매끄럽게 잘하는 유형은 없을 거예요. 그러니 ENTP가 항상 발표 담당이라고 해도 그다지 놀랄 건 없겠죠? 발표가 끝나고 예상치 못했던 질의응답 시간이 시작된다고 해도 ENTP는 척척 대답을 해낼 거예요!

ESFJ

ESFJ는 사람들의 관심을 받는 걸 무서워하거나 불편해하지 않고 즐길 줄 알고, 앞장서서 친구들을 돕는 일에도 뛰어나죠. 그래서 조장을 맡아 팀을 통솔하거나, 아니면 발표를 맡아 사람들 앞에 조를 대표해서 나서게 되는 경우가 많아요.

ESFP

외향적인 성격과는 별개로 ESFP는 발표를 잘하는 유형은 아니에요. 다른 외향적인 유형들에 비해 상대적으로 말솜씨가 좋은 편은 아니거든요. 그래서 자료 조사를 하거나 PPT를 만들 때가 많답니다.

ESTJ

ESTJ는 조장을 자주 맡는 유형이죠. 한번 맡은 일은 끝까지 제대로 해내고 마는 성격이기 때문에, ESTJ가 여러분의 조별 과제에서 조장을 맡았다면 멋진 결과를 기대해도 될 거예요. 물론 모든 조원들이 함께 힘을 합쳐야 하겠지만요!

ESTP

ESTP가 조장을 맡으면, 특유의 솔직하고 현실적인 능력을 활용해 쓸데없는 시간 낭비 없이 효율적으로 조별 과제가 잘 진행될 수 있도록 이끌곤 해요!

INFJ

INFJ는 다른 사람들을 많이 신경 쓰고 눈치를 보는 편인 만큼, 따로 선호하는 역할이 있다기보다는 그때그때 상황에 따라서 다른 역할을 맡곤 해요.

INFP

INFP는 처음 보는 사람들 앞에서 자신이 원하는 역할을 적극적으로 이야기하는 편은 아니에요. 하지만 굳이 먼저 역할을 골라야 한다면 PPT 만들기를 고를 거예요. INFP에게 자료 조사는 지루하고, 발표는 겁이 나거든요. 특유의 감각으로 센스 있는 PPT를 잘 만드는 편이에요!

INTJ

처음부터 조별 과제를 주도하지는 않지만, 결국 나중에 가면 앞장서서 열심히 의견을 내고 있는 INTJ의 모습을 확인할 수 있을 거예요. INTJ의 성격상 다른 사람들은 열심히 하고 있는데 혼자 대충 하면서 피해를 주는 건 절대 불가능하거든요.

INTP

사람들 앞에 나서는 걸 꺼리는 INTP의 특성상, 먼저 발표를 맡겠다고 나서는 경우는 거의 없다고 봐도 좋을 것 같아요. 주로 자료 조사나 PPT를 맡는답니다.

ISFJ

조용하고 차분한 성격인 ISFJ는 뒤에서 묵묵히 자료를 조사하면서 전반적인 과정을 준비하고 챙기는 걸 좋아해요. 사람들 앞에서 대놓고 주목을 받는 건 ISFJ에게 너무 부담스러운 일이랍니다.

ISFP

주로 자료 조사를 맡지만, 발표도 마다하지 않고 하는 편이에요. ISFP가 I로 시작하는 유형 중에서 가장 E에 가까운 유형이라는 점을 알고 나면 그다지 놀랍지 않은 사실이죠!

ISTJ

ISTJ는 책임감이 강한 성격으로, 주어진 업무나 과제를 끝까지 해내기 위해 항상 노력해요. 그렇기 때문에 자료 조사도 꼼꼼하고 성실하게 하는 편이고, 의외로 발표도 잘해요. 사실 ISTJ에게는 어떤 역할을 맡기더라도 결국은 잘해낼 확률이 높죠.

ISTP

ISTP는 손재주가 뛰어나고 일의 능률이 높은 유형이에요. 그렇기 때문에 주로 자료를 정리하여 PPT를 만드는 역할을 맡곤 해요. ISTP는 특유의 뛰어난 현실 감각으로 자료를 깔끔하게 정리하는 데에 탁월하답니다!

1. 잘 맞는 직업

여러분이 미래에 직업을 정할 때, 과연 어떤 직업이 가장 잘 어울릴지 살펴보아요.

ENFJ

공감을 잘하고 다른 사람들의 심리를 잘 파악하는 ENFJ는 마케팅, 광고 기획 분야에 딱 맞는 인재라고 할 수 있어요! 또한 꼼꼼하게 계획을 세우는 데에도 재능이 있는 만큼, 프로젝트의 처음부터 끝까지 실수 없이 일을 잘해낸답니다.

ENFP

사람과 함께할 때 큰 행복을 느끼는 ENFP라면 서비스직 분야에서 두각을 드러낼 수 있을 거예요. 다른 유형보다 훨씬 큰 보람을 느낄 수 있을 거랍니다. 아이디어가 넘쳐나는 유형인 만큼 예술이나 방송 분야도 추천하고요!

ENTJ

ENTJ는 우선 논리적인 걸 좋아하죠. 그런데 그러면서도 직관을 중요하게 생각하기 때문에, 변호사나 회계사 같은 직군보다는 과학자나 엔지니어 쪽이 더 적합할 거예요. 비전과 책임감을 중시한다는 점에서는 기업의 경영자가 되는 것도 잘 어울리겠죠?

ENTP

신념이 확실하고 언변이 뛰어난 ENTP는 언론이나 정치 분야에 뛰어들 경우 멋지게 활약할 거예요. 논리력이 뛰어나고 토론에 유리한 성향으로 변호사도 잘 맞아요. 순간적인 재치와 임기응변이 뛰어나 코미디언 같은 직업도 추천한답니다!

ESFJ

사람들 사이의 관계를 다루는 데 익숙한 ESFJ만큼 선생님으로 잘 어울리는 유형은 없겠죠? 아이들을 다정히 어루만져 주며 좋은 방향으로 이끌어 주는 ESFJ의 모습이 벌써 그려지지 않나요?

ESFP

사람들 앞에서 자신의 끼와 재능을 펼치는 데 망설임이 없는 ESFP! 신나고 쾌활한 성격으로 분위기 메이커를 담당해요. 남들을 기쁘게 해주는 데에서 행복을 느끼기 때문에 연예인이나 크리에이터처럼 대중 앞에 나서는 직업에 아주 제격이에요.

ESTJ

높은 위치에서 사람들을 통솔하고, 일을 지휘하는 분야에 딱 맞아요. 각종 감독관이나 책임자 같은 역할에 제격이죠. 판사와 같은 직업도 아주 잘해낼 거예요!

ESTP

눈에 보이는 걸 좋아하고 현실적인 성격인 ESTP는 사람들에게 직접 영향을 줄 수 있는 분야를 좋아해요. 또한 새로운 상황에 바로바로 대처하는 능력과 높은 체력을 요구하는 분야와도 잘 맞죠. 그래서 경찰, 군인, 운동선수 같은 직업을 추천해요.

INFJ

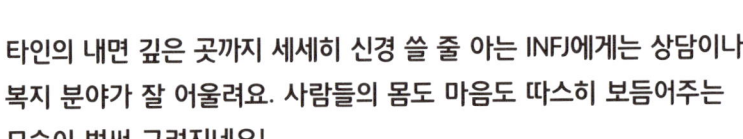

타인의 내면 깊은 곳까지 세세히 신경 쓸 줄 아는 INFJ에게는 상담이나 복지 분야가 잘 어울려요. 사람들의 몸도 마음도 따스히 보듬어주는 모습이 벌써 그려지네요!

INFP

머릿속에 다채로운 공상이 가득한 INFP는 창작 분야에서 재능을 잘 발휘할 수 있어요. 저널리스트, 소설가, 번역가와 같은 직업을 추천한답니다.

INTJ

INTJ는 자기 계발을 위해 노력하는 유형으로 독립적이고 분석적인 성향이에요. 주도적으로 계획을 세우고 목표를 달성하는 것에 큰 의미를 두기 때문에 연구원이나 분석가와 같은 직업이 잘 맞아요. 논리와 독창성이 필요한 개발자도 잘 어울린답니다!

INTP

대규모의 인원과 협력해서 일을 진행하기보다는 혼자만의 시간에 집중하기를 좋아하는 INTP에게는 연구직, 혹은 비평가 같은 직업이 잘 어울려요. 특유의 통찰력으로 멋진 결과를 낼 수 있을 거랍니다.

ISF-J

의사나 간호사 같은 직업이 정말 잘 어울리는 유형이에요. 단순히 직업으로서가 아니라, 깊은 사명감을 가지고 두 발로 뛰며 사람들의 생명을 구할 것 같지 않나요? 남에게 도움이 될 때 큰 보람을 느끼는 성격에 잘 맞는 직군이랍니다.

ISFP

ISFP 특유의 창의적인 재능과 감각을 발휘하기 위해서는 디자이너, 만화가, 예술가 같은 직업이 좋아요! 평화를 좋아하는 ISFP는 경쟁이 적고 편안하고 독립적인 일을 선호한답니다!

ISTJ

원리 원칙을 누구보다 잘 준수하며 근면성실한 태도를 지닌 ISTJ에게는 공무원이나 회계, 법률 분야의 직업을 추천해요. 작은 실수도 용납하지 않고 완벽한 결과물을 만들어낼 것 같지 않나요?

ISTP

직접 몸을 움직여서 구체적인 결과물을 바로바로 만들어낼 때 크게 만족감을 느끼는 ISTP! 이런 ISTP에게는 가만히 앉아 있는 게 아니라 계속해서 손과 발을 움직여야 하는 직업을 추천해요. 예를 들면 건축가, 정비사, 운동선수 같은 직업이 적합하답니다.

2. 고민이 필요한 직업

반면 각 유형별로 어렵게 느껴지는 직업이 있어요. 고민이 필요한 직업에 대해 알아볼까요?

ENFJ

직접 원하는 방향을 설정해 장기적이고 창의적인 프로젝트를 진행하는 데 흥미를 느끼기 때문에, 짧고 단순한 육체노동만 반복되는 직업은 ENFJ 유형에겐 잘 안 맞을 수 있어요.

ENFP

신속 정확한 체계 아래에서 주어진 일만 묵묵히 해야 하는 직업은 추천하지 않아요. ENFP의 아이디어와 뜻을 마구 펼칠 수 있는 직업이 아니라면 스트레스를 많이 받을 거예요.

ENTJ

누군가의 이야기를 들어줘야 하는 직업을 갖는다면 큰 스트레스를 받을 수 있어요. ENTJ의 성격상 경청하며 공감해 주기가 조금 힘들거든요. 또 상대방 역시 ENTJ가 자신에게 도움이 되지 않는다고 느낄 수 있고요.

ENTP

아기자기하고 귀여운 소품을 만드는 일이라면 힘들어할 거예요. ENTP는 눈에 바로 보이는 구체적인 제품을 제작하는 일보다는 머릿속의 추상적인 아이디어를 실현하는 일에 더 강하거든요.

ESFJ

사람들과의 협업 없이 혼자 묵묵히 연구를 해야 하는 일이라면 많이 외로움을 탈지도 몰라요. 소통 없이 조용한 곳에서 일하는 ESFJ의 모습은 상상하기가 어렵네요.

ESFP

자신만의 캐릭터가 강한 ESFP는 그 사실에 뿌듯함을 느끼기도 해요. 그래서 개성이 드러나지 않고 군중 속에 묻혀서 남들과 똑같은 일을 해야 하는 직업에 크게 거부감을 느낄 거예요.

ESTJ

상상력을 발휘해서 새로운 세계를 만들어야 하는 창작 분야에는 적합하지 않아요. ESTJ 특유의 계획력과 추진력은 현실을 바탕으로 하는 프로젝트에서 빛을 발한답니다.

ESTP

감성적인 면에 크게 관심이 없고, 눈에 보이지 않는 개념에 대해 생각하는 데 크게 흥미를 느끼지 못하는 ESTP. 이런 ESTP에게는 예술 분야가 유독 어렵게 느껴진답니다.

INFJ

머릿속이 복잡하고 생각이 많은 INFJ는 가만히 앉아 생각할 시간을 가질 수 없고, 끊임없이 몸을 움직이며 육체적인 작업을 해야 하는 일과는 잘 안 맞을 수도 있어요.

INFP

INFP 특유의 감성적인 재능을 발휘할 수 없고, 원리 원칙에 따라 계산적이고 정교한 작업을 반복해야 하는 직업에서는 행복을 느끼지 못할 거예요.

INTJ

사람들에게 감정적으로 공감해 줘야 하는 직업이라면 힘들 수 있어요. 사람들 사이에서 벌어지는 복잡하고 다채로운 사건들에서 INTJ는 주로 한 발 떨어져 있는 편이거든요.

INTP

내성적이고 독립적인 성향이 강한 INTP는 사람을 직접 대면해서 응대해야 하는 일이라면 스트레스를 많이 받을 거예요. 여러 사람과 협업하는 일이나, 서비스직 같은 업종은 힘들 수 있어요.

ISFJ

뒤에서 조용히 도와주는 것을 좋아하는 ISFJ는 주도적으로 앞장서서 분위기를 이끄는 일은 어렵게 느낄 수 있어요. 상대방의 기분이나 눈치를 많이 살피기 때문에 민감한 문제에 단호하게 결정해야 하는 관리자나 많은 사람과 지속적으로 교류해야 하는 영업직은 추천하지 않아요.

ISFP

창의성과는 상관없이 주어진 일을 잠자코 해야만 하는 직업은 ISFP에게 추천하지 않아요. 또 사람들 앞에 나서서 프로젝트를 이끌어야 하는 일도 크게 부담이 될 수 있어요.

ISTJ

현실적인 면이 강한 ISTJ는 창의성이 필요한 예술 분야에서는 재능을 발휘하기가 힘들 거예요. 그리고 체계가 없는 걸 매우 싫어하기 때문에, 자유분방한 곳보다는 규칙이 갖춰진 환경에서 일하기를 선호한답니다.

ISTP

솔직하고 무덤덤한 ISTP는 누군가의 기분을 맞춰주거나 눈치를 살피는 일이 잘 맞지 않아요. 그렇기 때문에 사람들을 웃기고 즐겁게 해주며 분위기를 이끌어야 하는 직업은 추천하지 않아요. 그보다는 묵묵히 자신의 할 일을 해내는 유형이랍니다.

CHAPTER 7

마무리하며

1. 이건 오해예요

흔히 알려진 각 유형에 대한 편견들을 짚고 넘어가는 시간을 가져봐요.

ENFJ

모든 ENFJ가 항상 앞장서서 분위기를 이끄는 건 아니에요! 이미 상황이 잘 돌아가고 있다면 굳이 나서지 않고 뒤에서 묵묵히 돕기도 한답니다.

ENFP

ENFP가 남의 눈치를 보지 않고 자기 기분대로만 한다는 건 오해예요. 본인에게 감정이 중요한 만큼 다른 사람들의 감정도 잘 살핀답니다.

ENTJ

ENTJ가 항상 모든 사람을 단호하게 끊어내지는 않아요. 의외로 더 많은 사람과 친해지고 싶다고 생각하기도 한답니다. 먼저 연락해 주고 관심을 표현하면 ENTJ와 아주 가까운 사이가 될 수도 있어요.

ENTP

ENTP가 장난과 재미를 추구하는 건 맞지만 그렇다고 해서 엄청난 4차원이라거나 괴짜인 건 아니에요. 사람들에게 피해를 주면서까지 재미를 추구하지는 않는답니다.

ESFJ

늘 많은 친구들에 둘러싸여 즐거운 시간을 보내는 것처럼 보일지 몰라도, 사실 스트레스를 많이 받고 감정 기복도 어느 정도 있는 편이에요. 티를 내지는 않겠지만 먼저 알아봐 준다면 정말 고마워할 거예요.

ESFP

ESFP가 사람들을 만나는 걸 좋아하는 건 맞지만, 그렇다고 해서 매일 밖에 나가 파티를 즐기는 건 아니랍니다. ESFP도 가끔은 집에서 쉬고 싶을 때가 있어요!

ESTJ

ESTJ가 고집이 세서 자기 의견만 주장한다는 건 사실이 아니에요. 본인이 직접 실행해 보고 좋은 결과를 얻었기 때문에 자신의 의견에 확신이 있을 뿐이죠. 누군가 새로운 의견을 제시했는데 그게 더 효과적이라고 생각된다면, 망설이지 않고 바로 그 의견을 받아들여요.

ESTP

ESTP가 끈기가 없고 매사에 충동적이라고 알려져 있지만, 모두가 그런 건 아니에요. 새로운 곳에 흥미가 생기더라도, 금방 관심이 식지 않고 책임감 있는 태도로 꾸준히 노력하기도 한답니다.

INFJ

INFJ가 항상 비밀을 쌓아두고 자신의 속내를 드러내지 않는 건 아니에요. 정말 자신과 마음이 잘 통하고 의지할 수 있는 상대라고 생각되면 많은 이야기들을 털어놓기도 한답니다.

INFP

INFP가 줏대가 약해서 항상 다른 사람들 앞에서는 의견을 내세우지 않는다고 생각하는 사람들도 있지만, 꼭 그렇진 않아요. 본인에게 정말 큰 의미가 있는 일이라면 주저하지 않고 목소리를 높이거든요.

INTJ

INTJ라고 항상 모든 일에 깐깐하게 계획을 세우고 부지런하게 지내는 건 아니에요. 갑작스런 변화에 바로바로 대응할 줄도 안답니다.

INTP

INTP가 여러분에게 말을 안 건다고 해서 여러분을 싫어하는 거라고 생각하지 마세요! INTP 특유의 과묵하고 낯을 가리는 성향 때문일 확률이 높으니까요.

ISFJ

ISFJ는 이따금 융통성이 없다는 오해를 받지만, 꼭 그렇진 않아요. 한번 익숙해진 방식이 편해서 따르는 거지, 그 방식을 무조건 고집하려는 건 아니랍니다.

ISFP

ISFP가 깊게 생각을 하지 않고 훌훌 잘 털어낸다고 생각하는 사람들이 많지만, 속으로는 많은 걱정거리를 안고 있기도 해요. 가끔씩 ISFP 친구들에게 다가가 고민은 없냐고 물어봐 주는 건 어떨까요?

ISTJ

ISTJ가 일밖에 모르는 로봇인 건 아니에요. 재미있고 다정한 ISTJ들이 얼마나 많은데요! 겉보기에는 차가워 보이지만, 사실 친해질수록 의리 있고 책임감이 강한 유형이랍니다!

ISTP

ISTP가 감수성이 전혀 없는 유형인 건 아니에요. 친구들의 이야기에 공감도 해주고, 눈치 빠르게 상황을 파악할 줄도 안답니다. 자칫 무관심해 보일 수 있지만, 그만큼 상대방의 행동을 이해하고 존중해 준답니다.

2. 이 말만은 하지 않기로 해요

특정 유형 앞에서 특히나 더 조심해야 할 말은 어떤 게 있을까요?

"너랑 있으면 별로 기운이 나지 않아."

"네 기분은 나에게 중요하지 않아."

ENTJ

"그 의견에는 발전 가능성이 그다지 없는 것 같은데?"

"지금 네가 하는 말에 하나도 집중이 안 돼."

"모든 사람이 널 좋아하는 건 아니야."

"네 얘기가 별로 기억에 남지 않아서 다 잊어버렸어."

"그렇게 해서 제대로 해낼 수 있겠어?"

ESTP

"넌 꽉 막힌 사람인 것 같아."

INFJ

"너랑 있으면 내가 무시받는 기분이 들어."

INFP

"넌 다른 사람들이랑 크게 다르지 않은 것 같아."

INTJ

"논리가 조금 부족한 의견인 거 같은데 다시 생각해 보는 게 어때?"

INTP

"네가 하는 말은 다 지루하기만 해."

ISFJ

"너는 너무 네 생각만 하는 것 같아."

ISFP

"너에겐 재능이 없어."

"너랑 있으면 항상 불안하고 믿음이 생기질 않아."

"넌 너무 편견으로 가득 찬 사람인 것 같아."

3. 이런 말이 듣고 싶어요

각 유형에게 따뜻한 힘이 되어줄 한마디는 어떤 말일까요?

"넌 나에게 정말 큰 위로가 되는 친구야."

ENFP

"나에게 너만큼 중요한 사람은 없어."

ENTJ

"넌 닮고 싶은 점이 참 많은 사람이야."

ENTP

"너랑 이야기를 하면 정말 시간 가는 줄을 모르겠어."

ESFJ
"나한테 너 같은 친구가 더 많으면 좋을 텐데."

ESFP

"넌 어디 있어도 돋보이는 사람이야."

ESTJ
"너라면 모든 걸 믿고 맡길 수 있어."

ESTP

"넌 어디서든 환영받을 만한 사람이야."

INFJ
"넌 내가 모든 걸 털어놓을 수 있는 소중한 친구야."

INFP
"앞으로도 네 생각과 취향이 계속 궁금할 거야."

INTJ
"네가 하는 말 중엔 틀린 말이 없는 것 같아."

INTP
"어떻게 그런 재미있는 생각을 떠올렸어?"

ISFJ
"오늘도 네 덕분에 내 하루가 훨씬 행복해졌어."

ISFP
"너의 특별함을 세상 사람들이 다 알아주면 좋을 텐데."

ISTJ

"넌 나에게 안정을 주는 존재야."

ISTP

"네가 표현은 잘 못해도 속마음은 정말 따스하다는 걸 알고 있어."

산리오캐릭터즈

2024년 1월 20일 1판 1쇄 인쇄
2024년 1월 30일 1판 1쇄 발행

글 김지수

발행인 황민호
콘텐츠3사업본부장 석인수
편집장 손재희 책임편집 이윤지 디자인 BjuDesign

발행처 대원씨아이(주) www.dwci.co.kr
주소 서울시 용산구 한강대로 15길 9-12
전화 편집 02-2071-2169 영업 02-2071-2066
팩스 02-794-7771
등록번호 1992년 5월 11일 등록 제3-563호
979-11-7062-129-4 77190

 FOR SALE IN KOREA ONLY
LICENSE © 2024 SANRIO CO., LTD. S/D·G

※ 본 제품은 (주)산리오코리아와 대원씨아이(주)와의 라이센스 계약에 따라,
한국 내에서만 판매를 허락받은 제품이며, 본 제품 및 캐릭터의 무단 복제를 금합니다.
※ 잘못된 도서는 구입하신 곳에서 교환해 드립니다.